صلى الله عليه وسلم

LES COULEURS الألوان

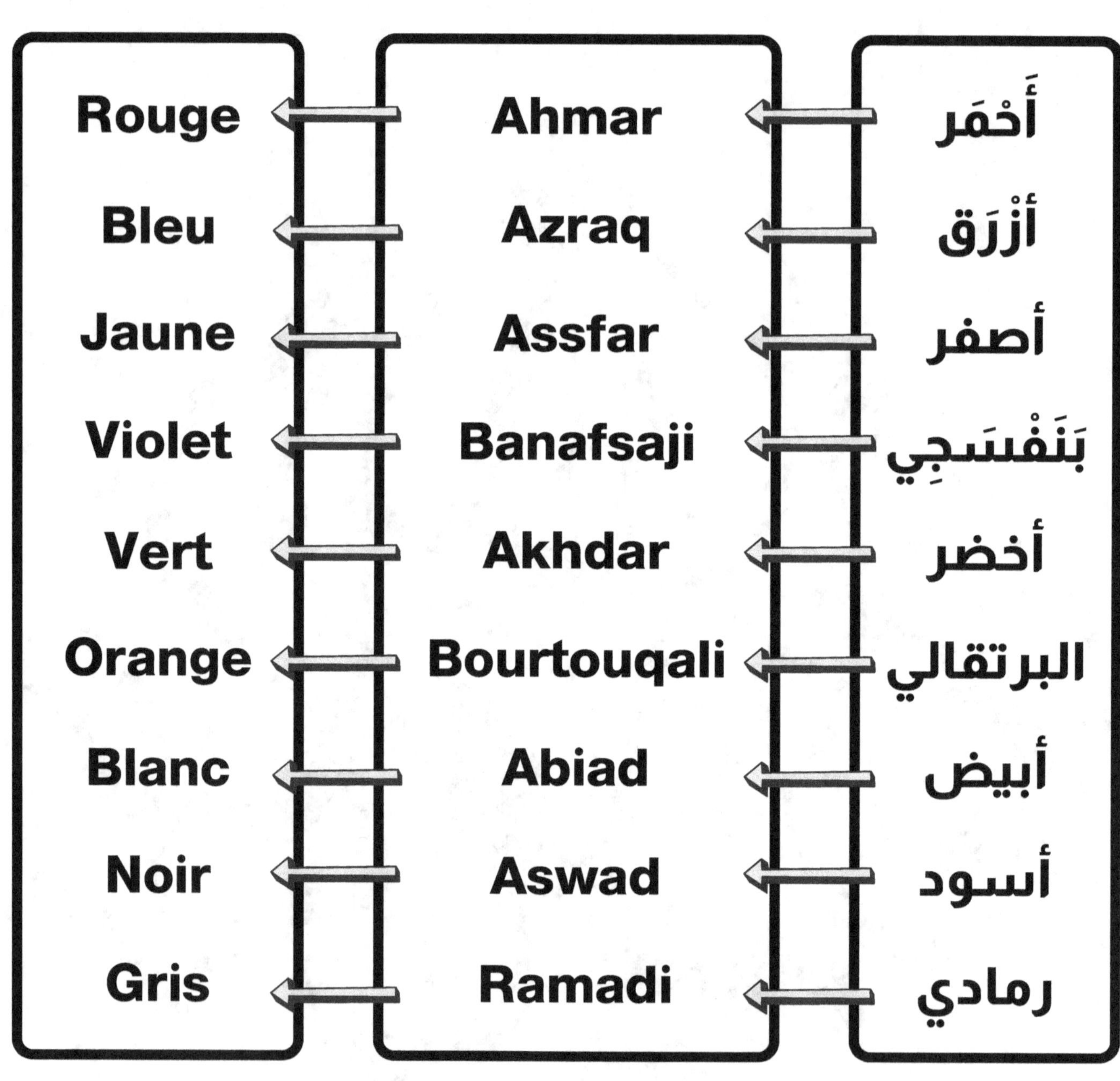

Rouge	Ahmar	أَحْمَر
Bleu	Azraq	أزْرَق
Jaune	Assfar	أصفر
Violet	Banafsaji	بَنَفْسَجِي
Vert	Akhdar	أخضر
Orange	Bourtouqali	البرتقالي
Blanc	Abiad	أبيض
Noir	Aswad	أسود
Gris	Ramadi	رمادي

LES NOMBRES الأرقام

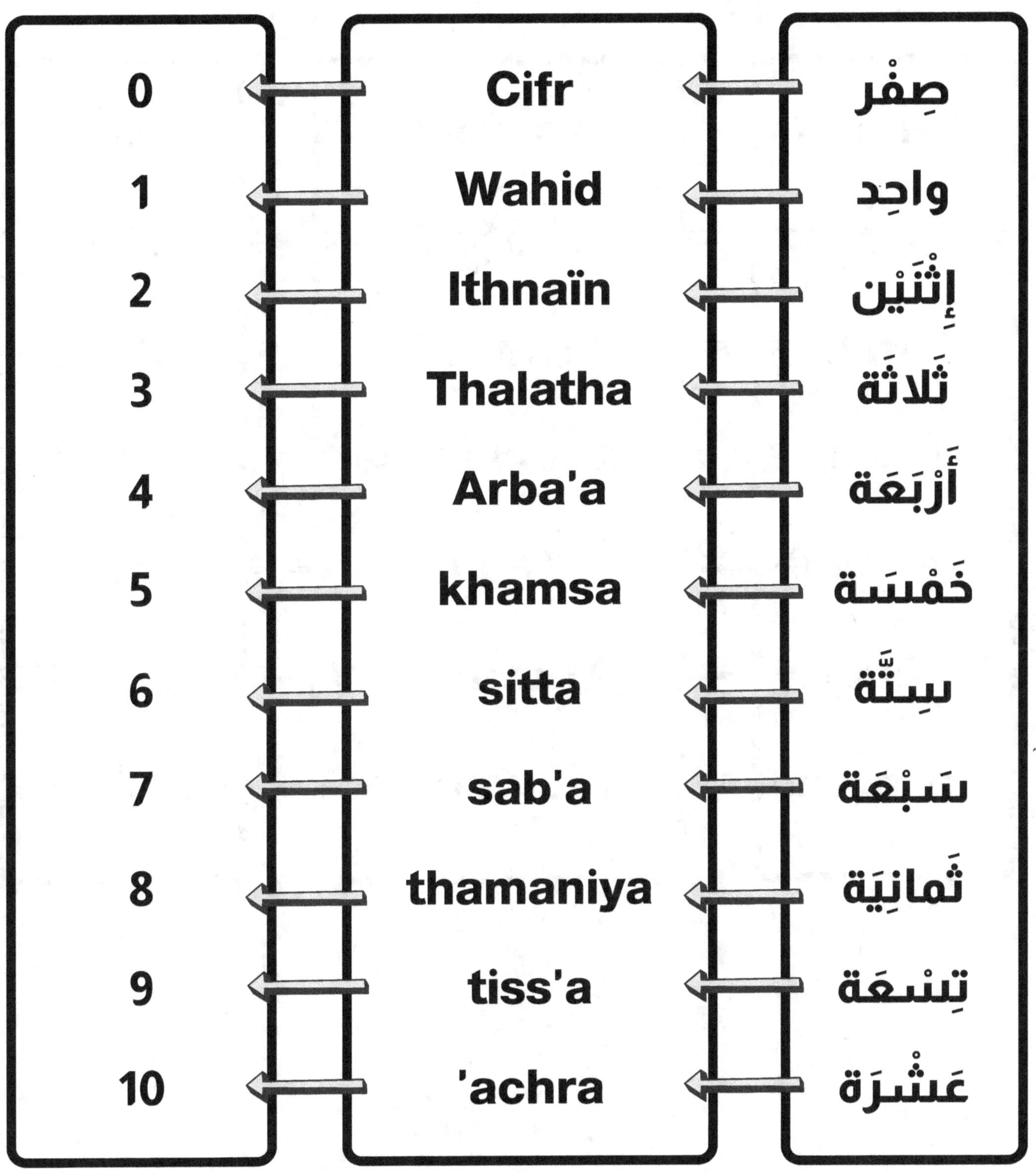

0	Cifr	صِفْر
1	Wahid	واحِد
2	Ithnaïn	إثْنَيْن
3	Thalatha	ثَلاثَة
4	Arba'a	أَرْبَعَة
5	khamsa	خَمْسَة
6	sitta	سِتَّة
7	sab'a	سَبْعَة
8	thamaniya	ثَمانِيَة
9	tiss'a	تِسْعَة
10	'achra	عَشْرَة

LES JOURS DE LA SEMAINE أيّامُ الأسْبُوع

Samedi	As saibt	السَّبْت
Dimanche	Al ahad	الأَحَد
Lundi	Al ithnaïn	الإِثْنَيْن
Mardi	Ath thoulatha	الثُّلاثَاء
Mercredi	Al arbi'a	الأَرْبِعاء
Jeudi	Al khamis	الخَمِيس
Vendredi	Al joumou'a	الجُمُعَة

ENTRAINE-TOI

TRACE LE MOT YAMAAMA يمامة

TRACE LA LETTRE YAA ي

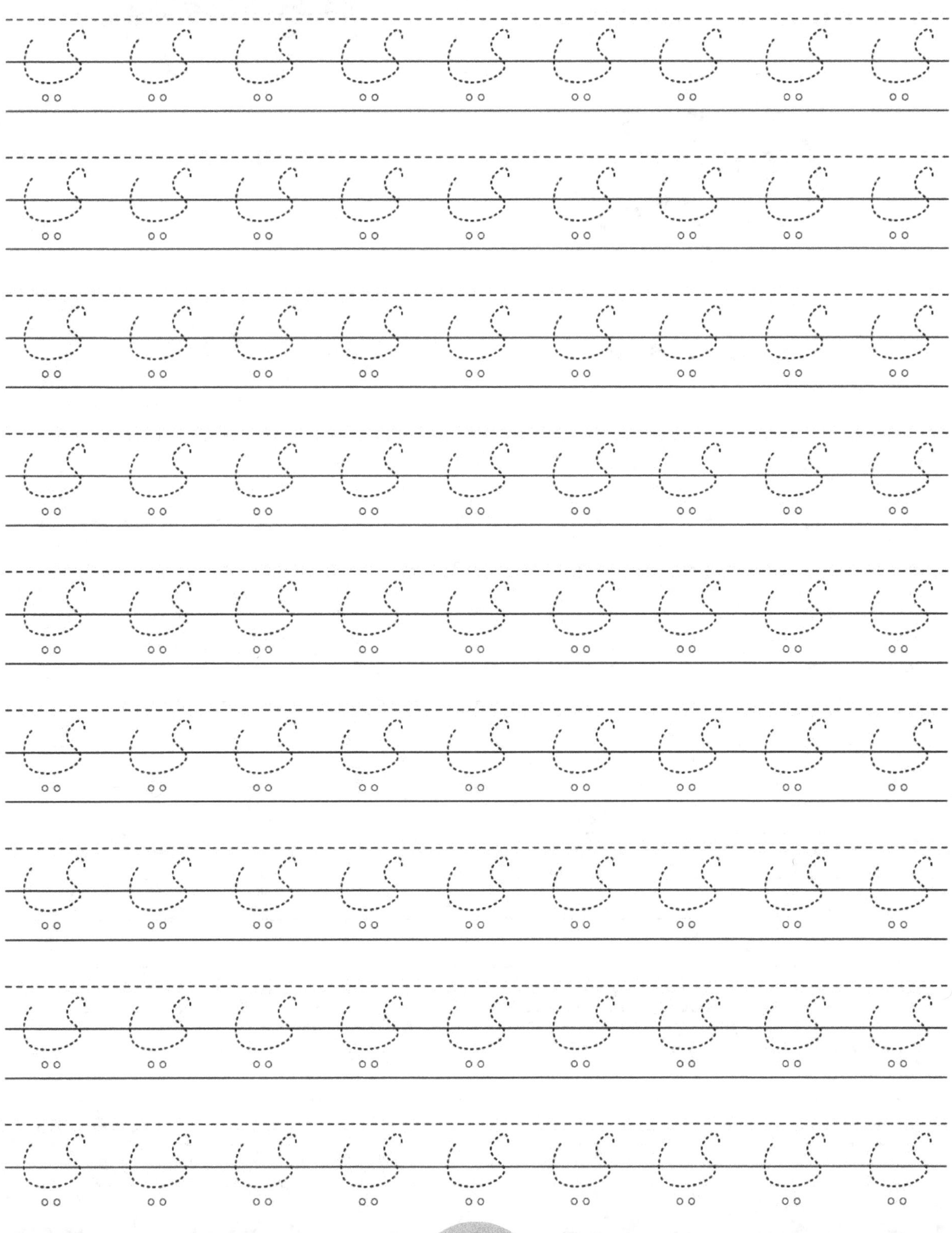

ي

TRACE LA LETTRE YAA ي

COLORIE CE PIGEON

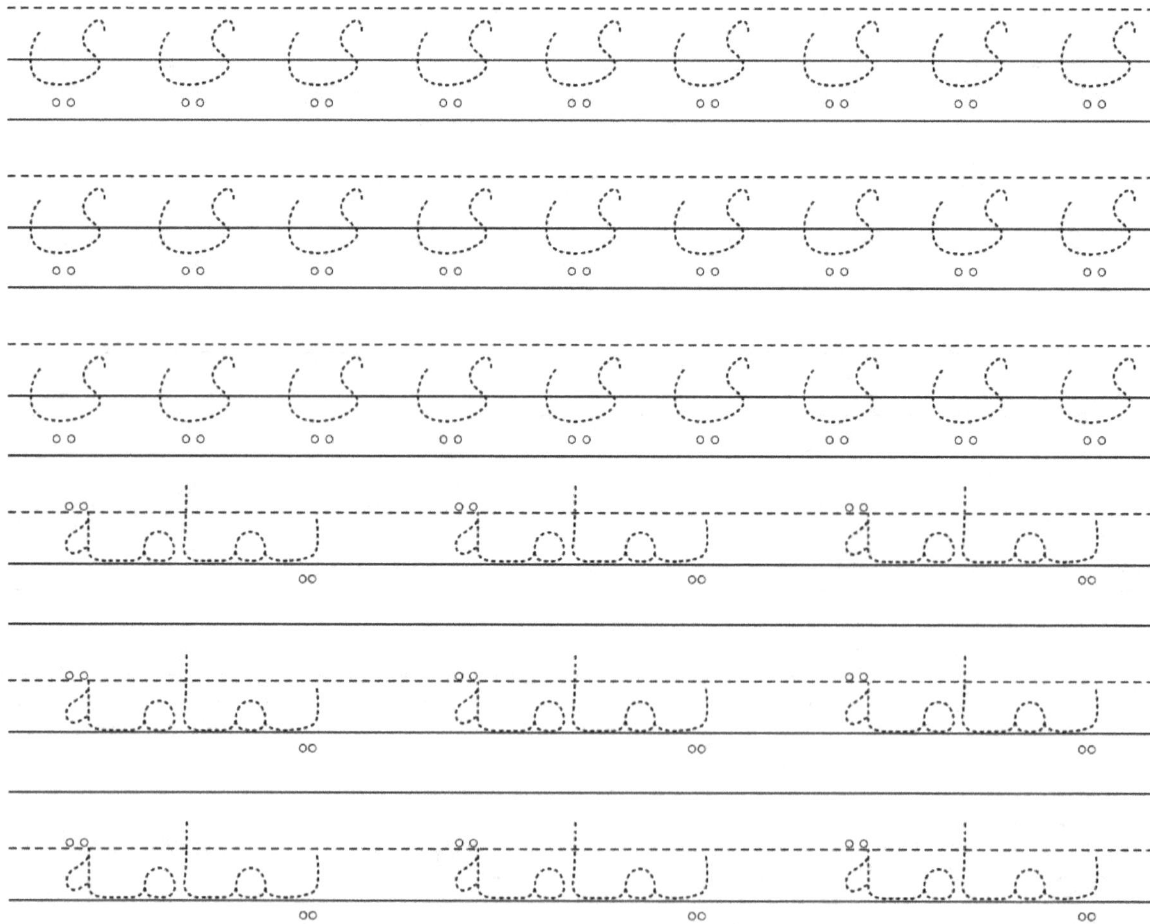

يِ
YAMAAMA
يِمامَة

ENTRAINE-TOI

TRACE LE MOT WAṬWAAṬ وطواط

وطواط وطواط وطواط

وطواط وطواط وطواط

وطواط وطواط وطواط

وطواط وطواط وطواط

وطواط وطواط وطواط

وطواط وطواط وطواط

وطواط وطواط وطواط

وطواط وطواط وطواط

وطواط وطواط وطواط

TRACE LA LETTRE WAAW و

TRACE LA LETTRE WAAW و

COLORIE CETTE CHAUVE SOURIS

TRACE LE MOT وطواط

وطواط

CHAUVE SOURIS	WAAW - و

و و و و و و و و و و و و

و و و و و و و و و و و و

و و و و و و و و و و و و

وطواط وطواط وطواط

وطواط وطواط وطواط

وطواط وطواط وطواط

و

WAT̄WAAT̄

وطواط

ENTRAINE-TOI

TRACE LE MOT HOUD HOUD هدهد

TRACE LA LETTRE HAA ة

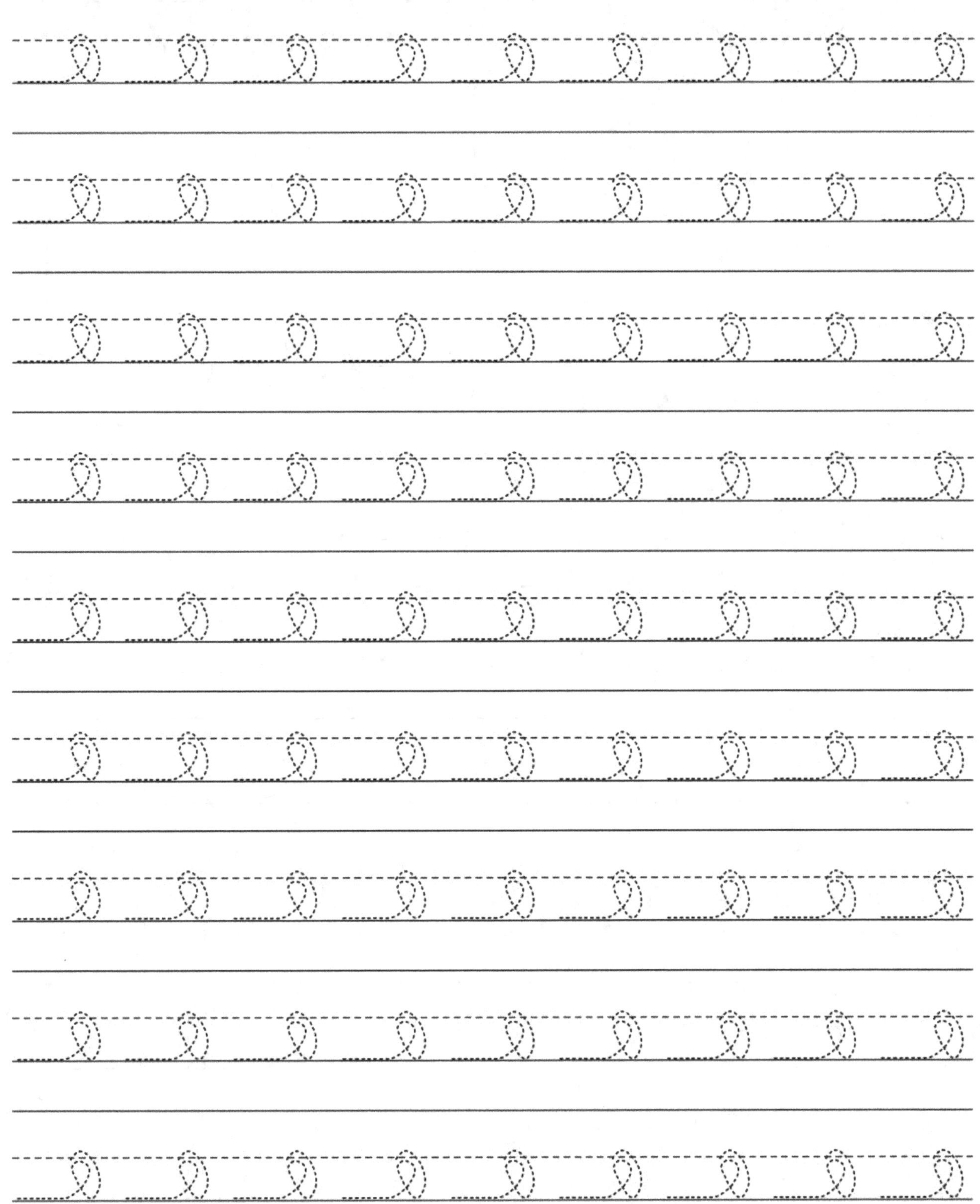

TRACE LA LETTRE HAA ه

HOUD HOUD

هدهد

ENTRAINE-TOI

TRACE LE MOT NAHLA نحلة

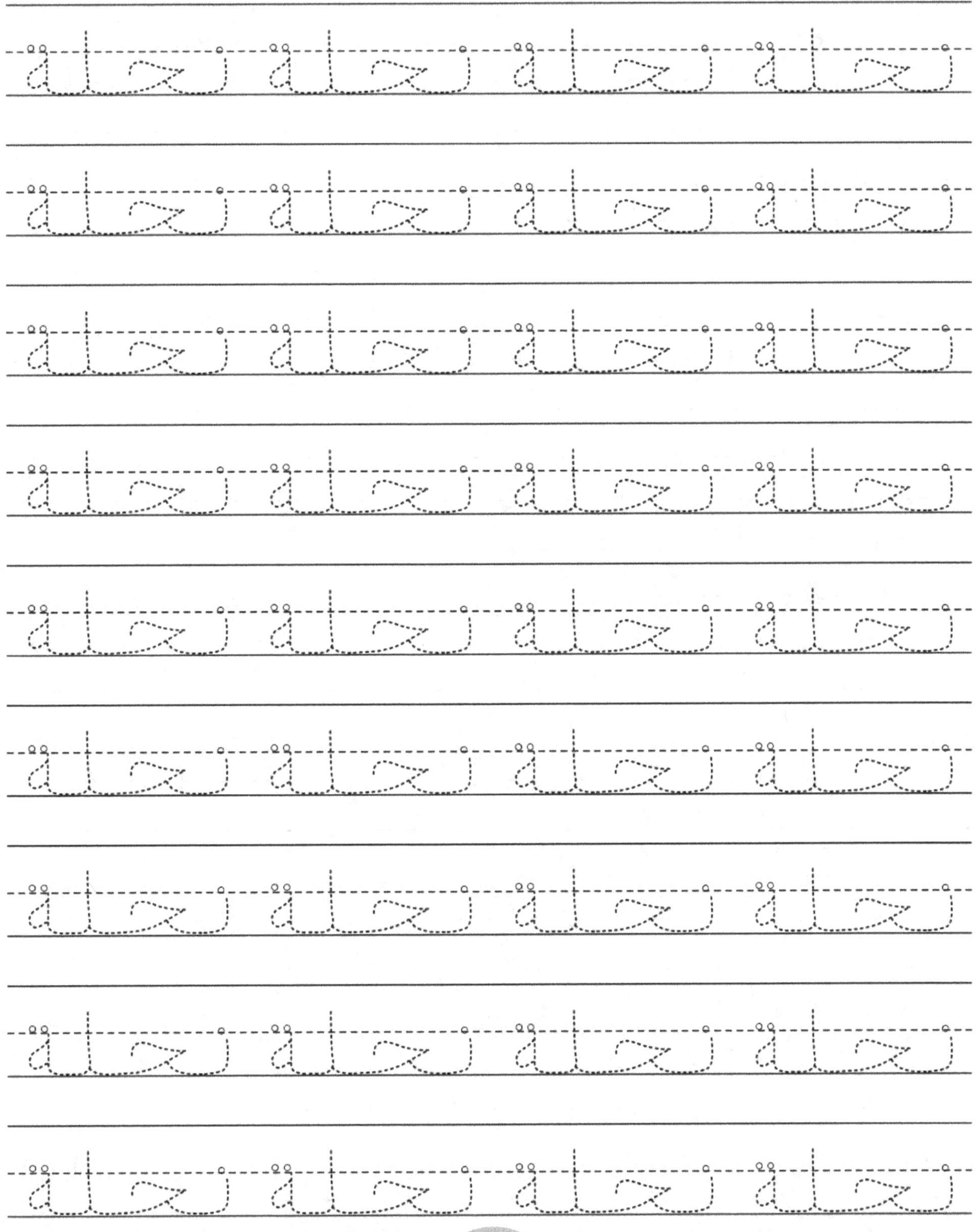

TRACE LA LETTRE NOUN ن

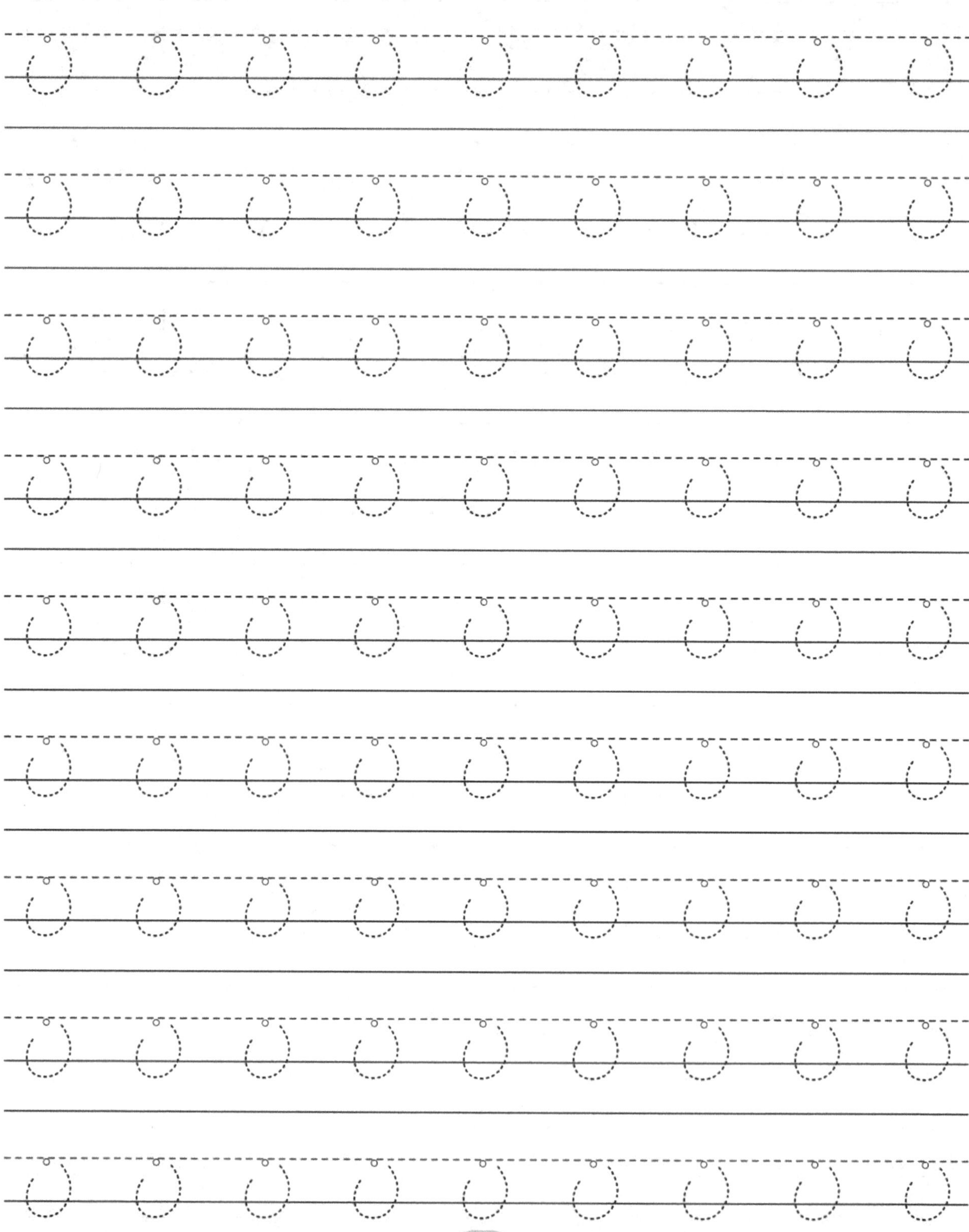

ن

TRACE LA LETTRE NOUN ن

COLORIE CETTE ABEILLE

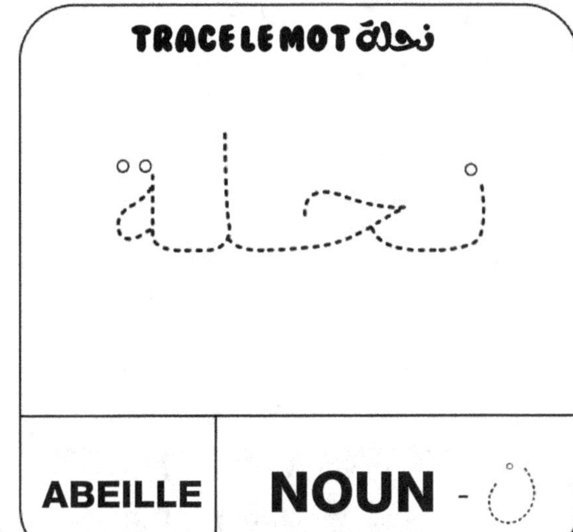

TRACE LE MOT نحلة

نحلة

ABEILLE	NOUN - ن

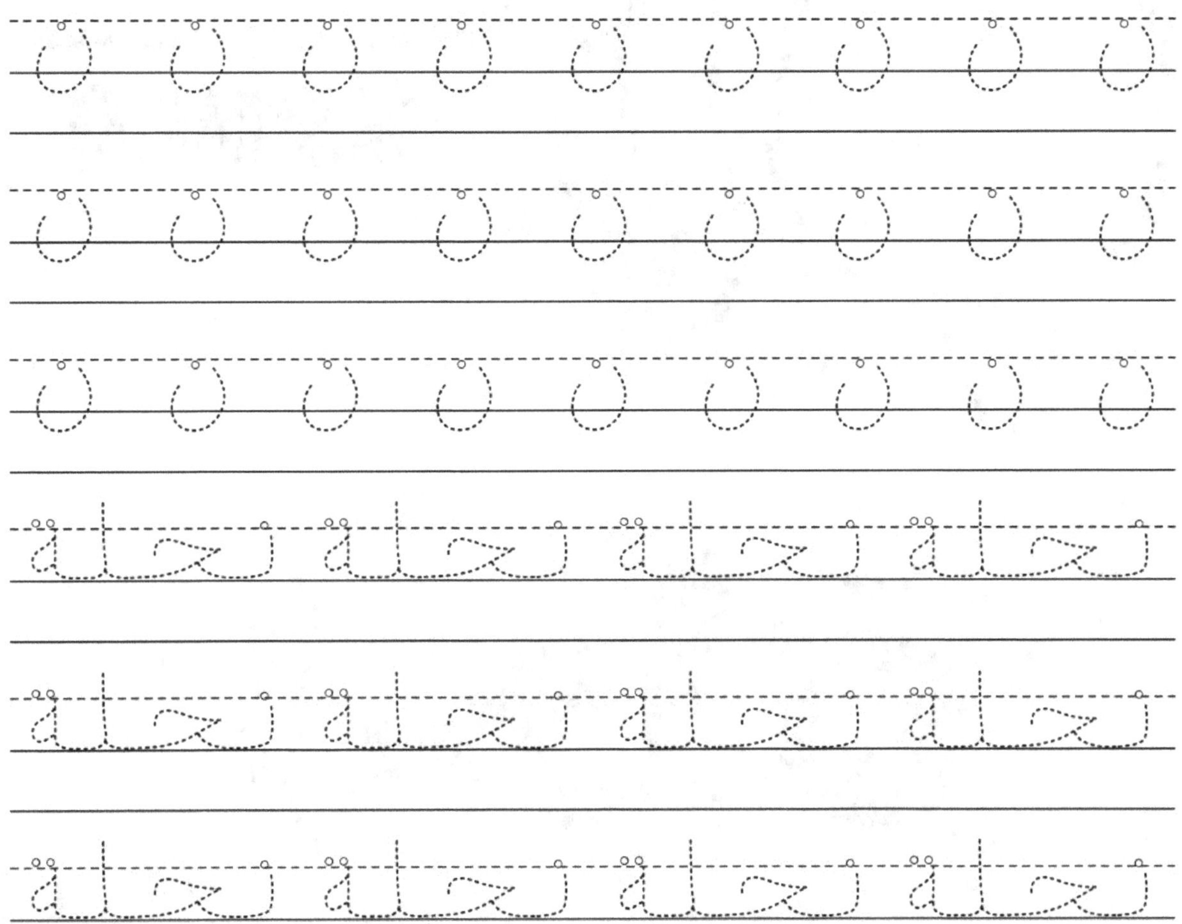

نحلة

ENTRAINE-TOI

TRACE LE MOT MA'ZA ماعز

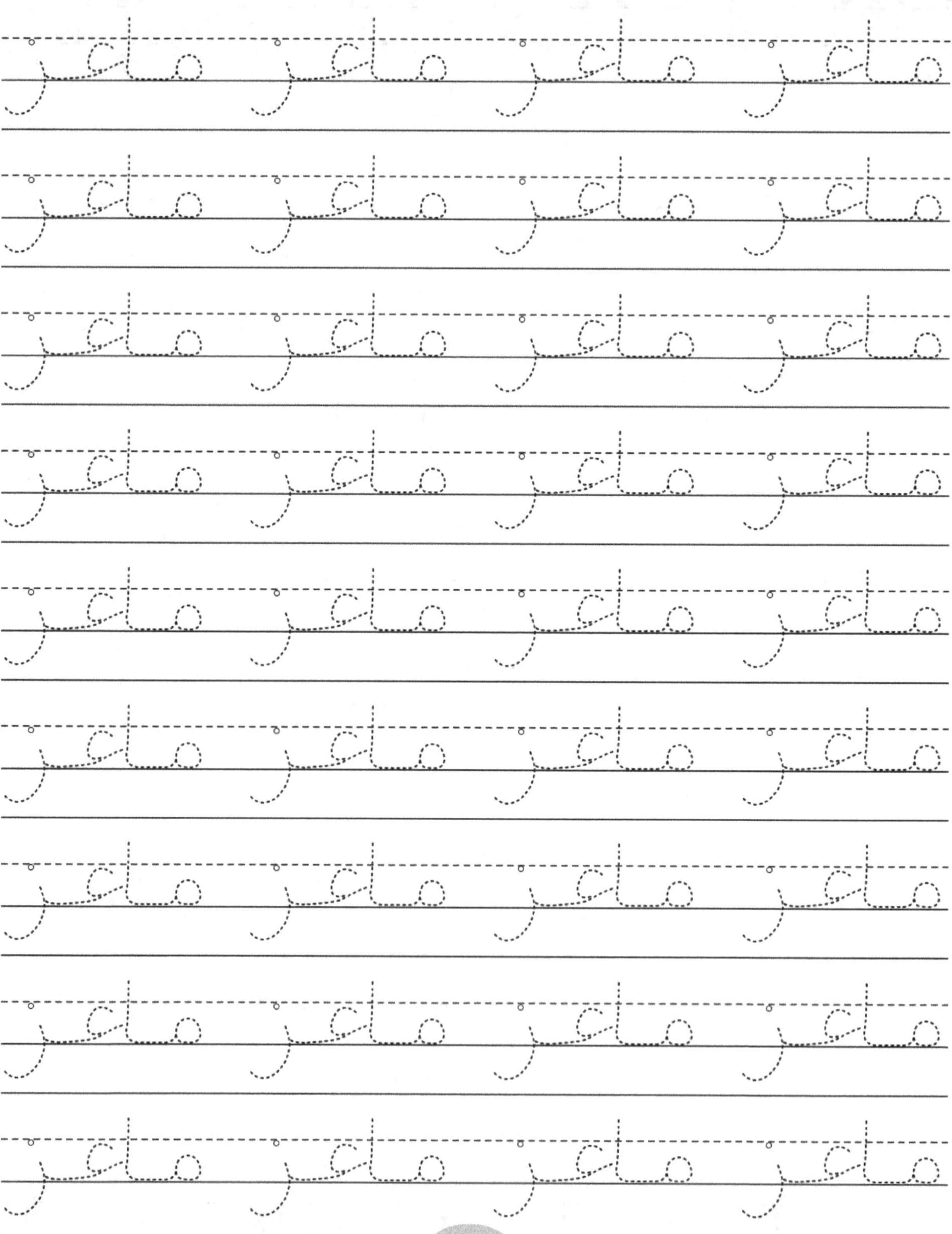

TRACE LA LETTRE MIIM م

م

TRACE LA LETTRE MIIM م

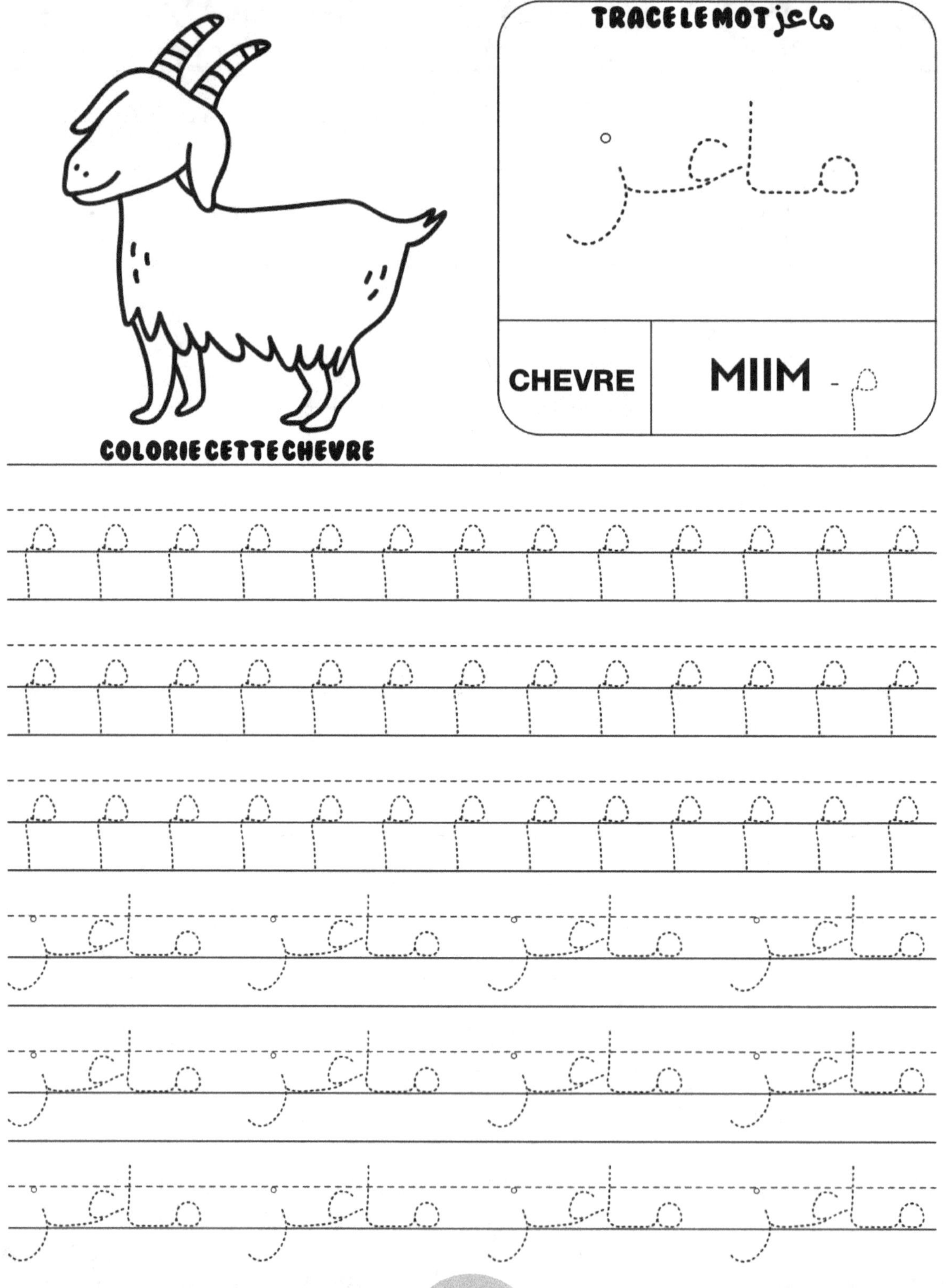
TRACE LE MOT ماعز
ماعز
CHEVRE
MIIM - م
COLORIE CETTE CHEVRE

م

MA'ZA

ماعز

ENTRAINE-TOI

J

TRACE LE MOT LAMA لاما

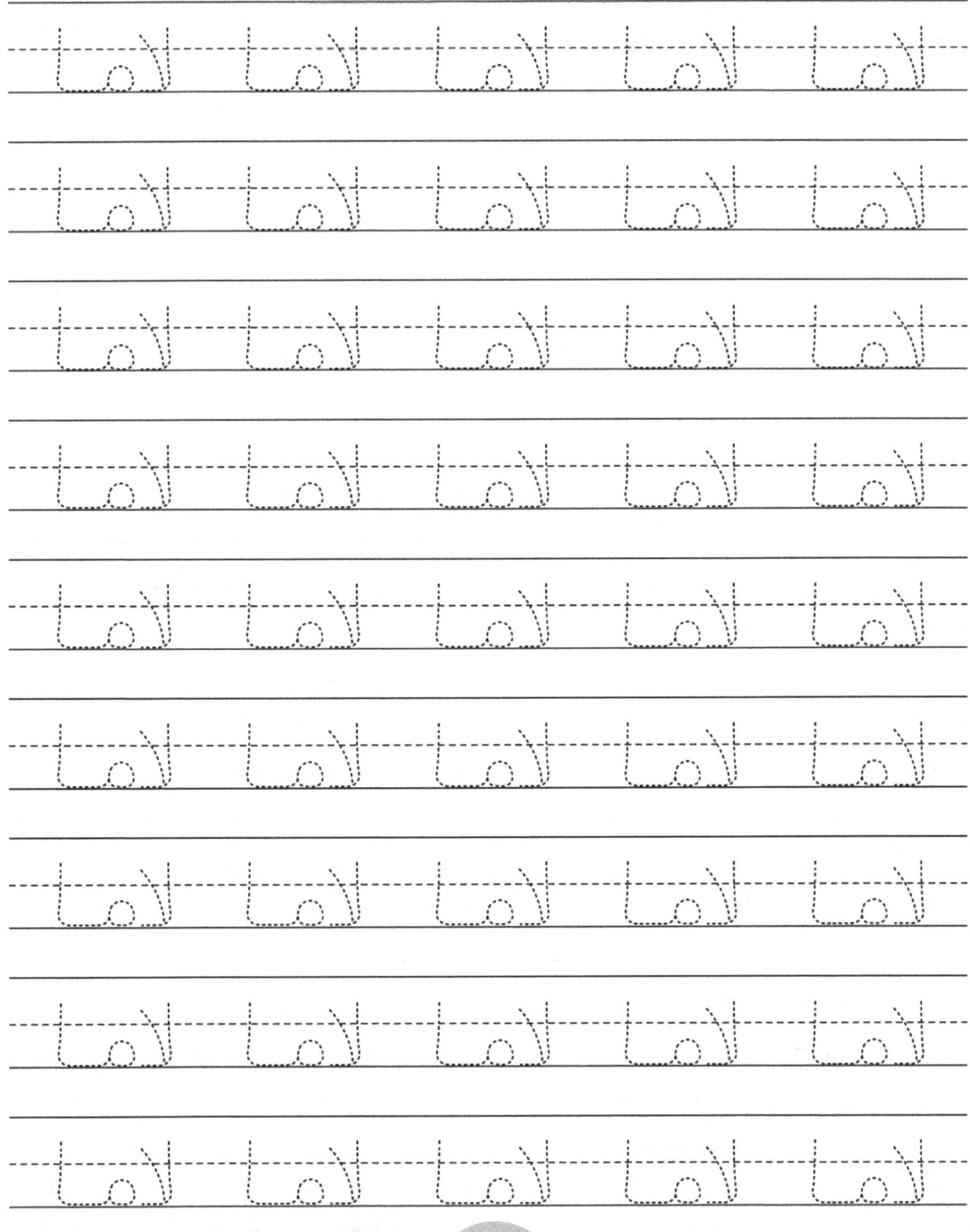

TRACE LA LETTRE LAAM ل

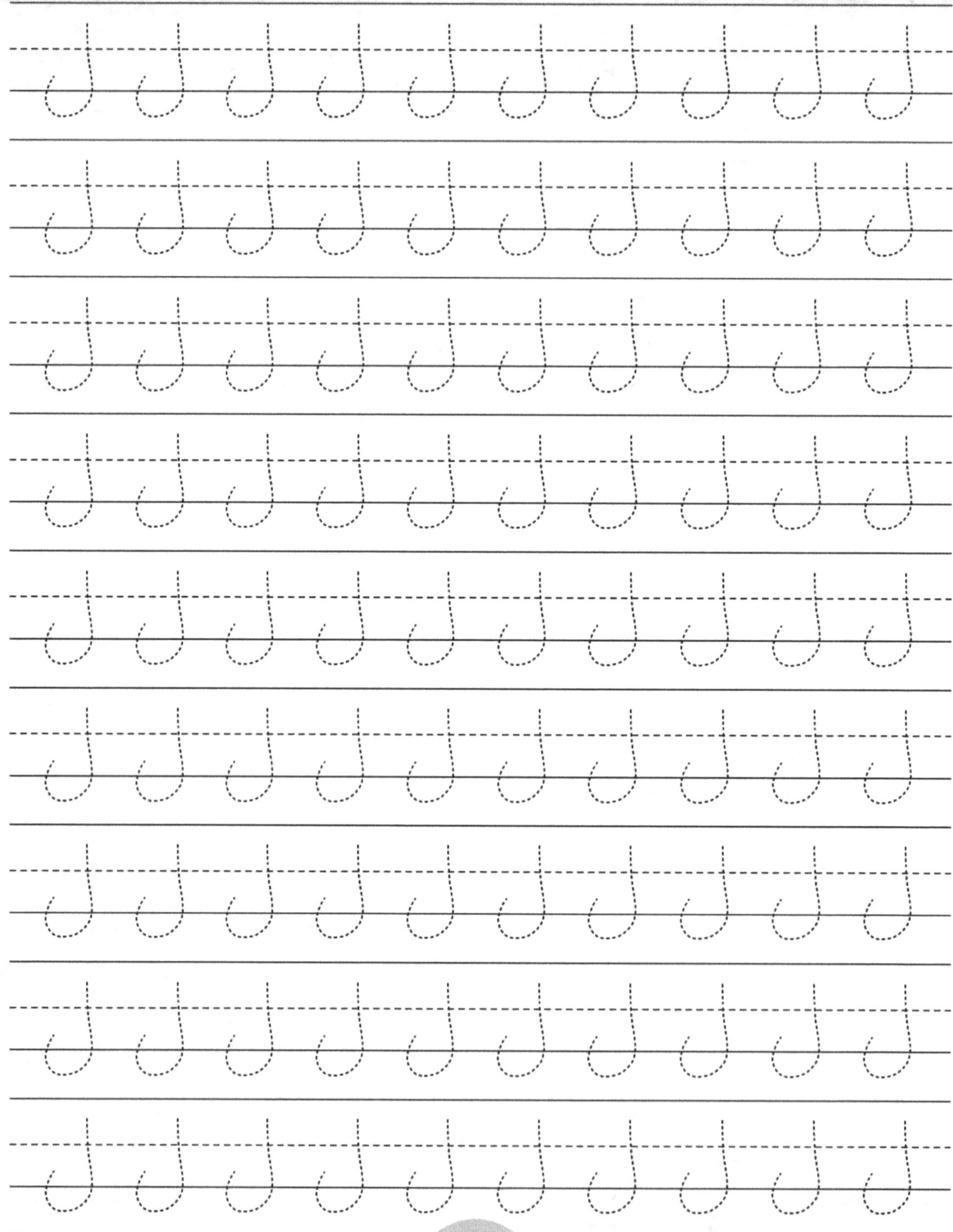

ل

TRACE LA LETTRE LAAM ل

COLORIE CE LAMA

TRACE LE MOT لاما

Lama	LAAM - ل

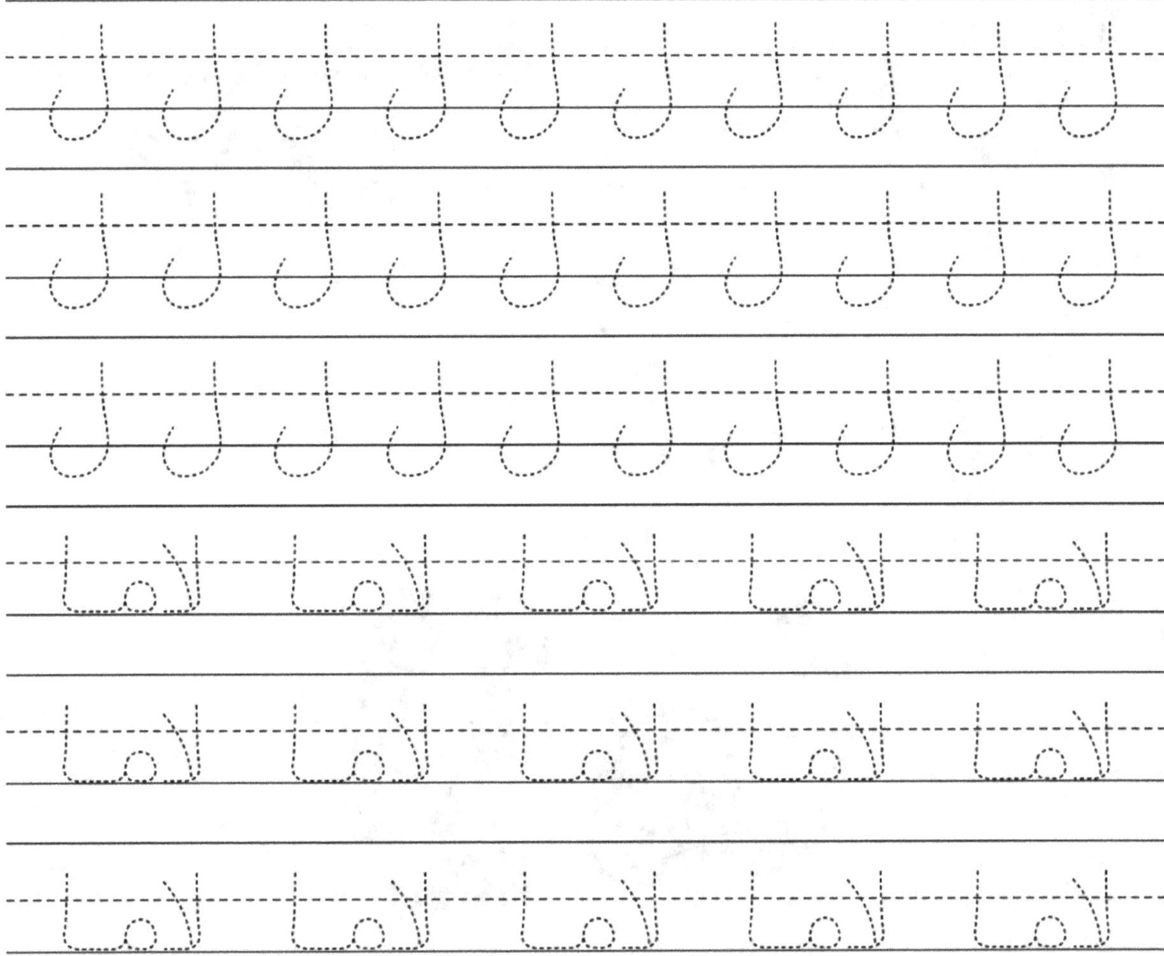

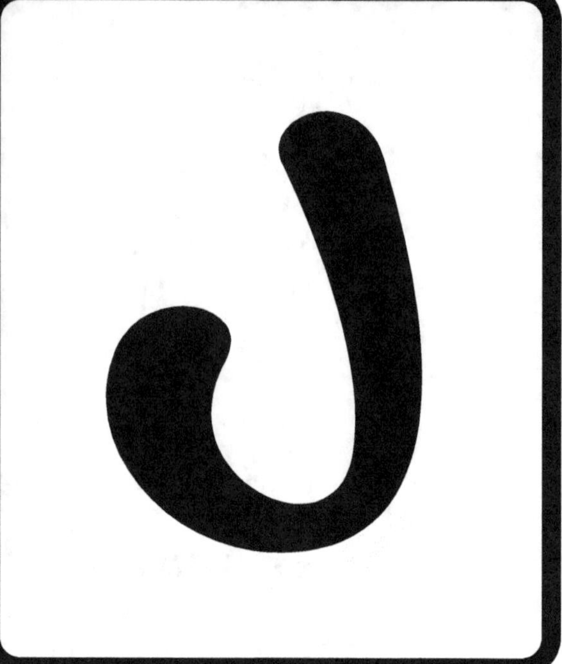

LAMA

لاما

ENTRAINE-TOI

TRACE LE MOT KALB كلب

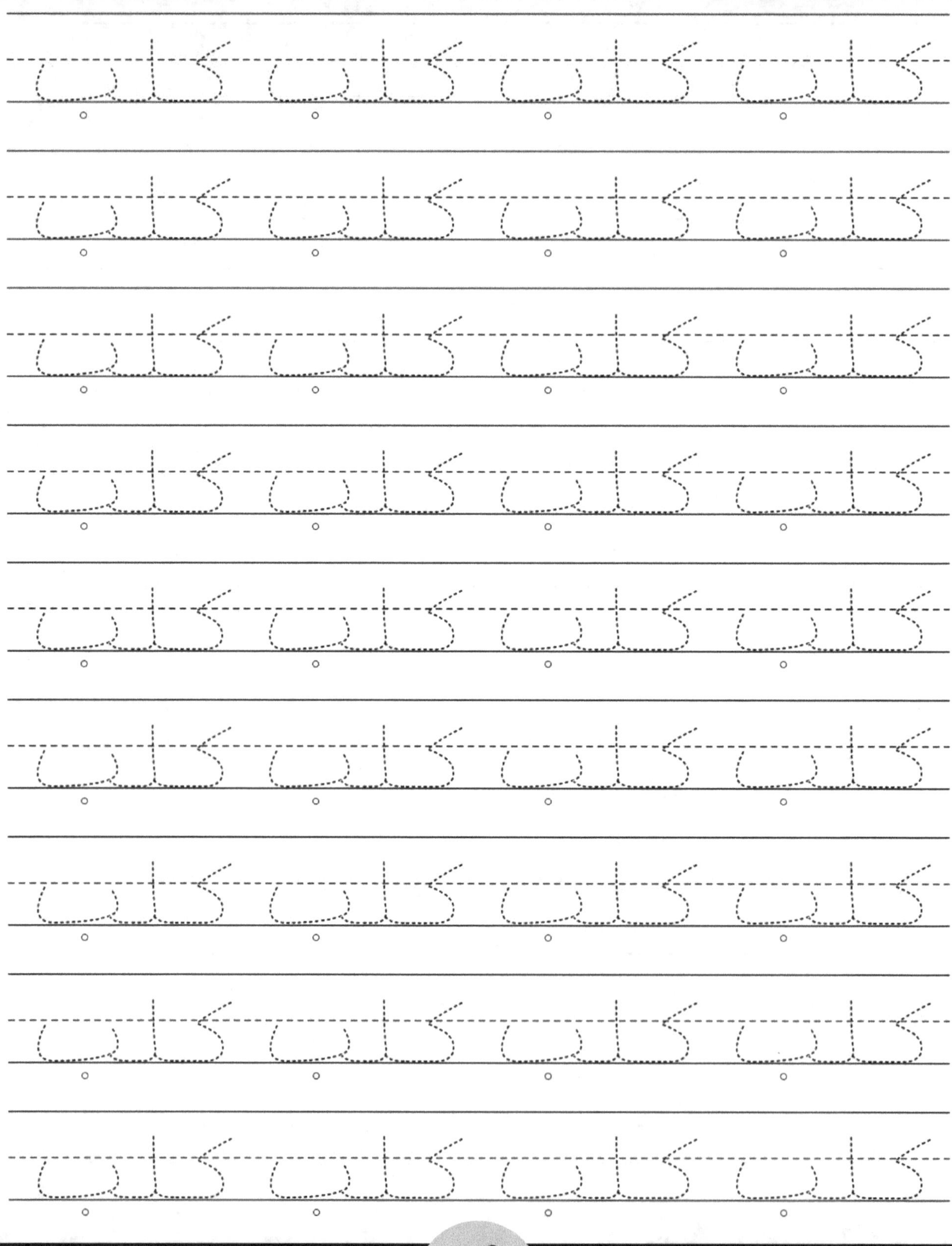

TRACE LA LETTRE KAAF ك

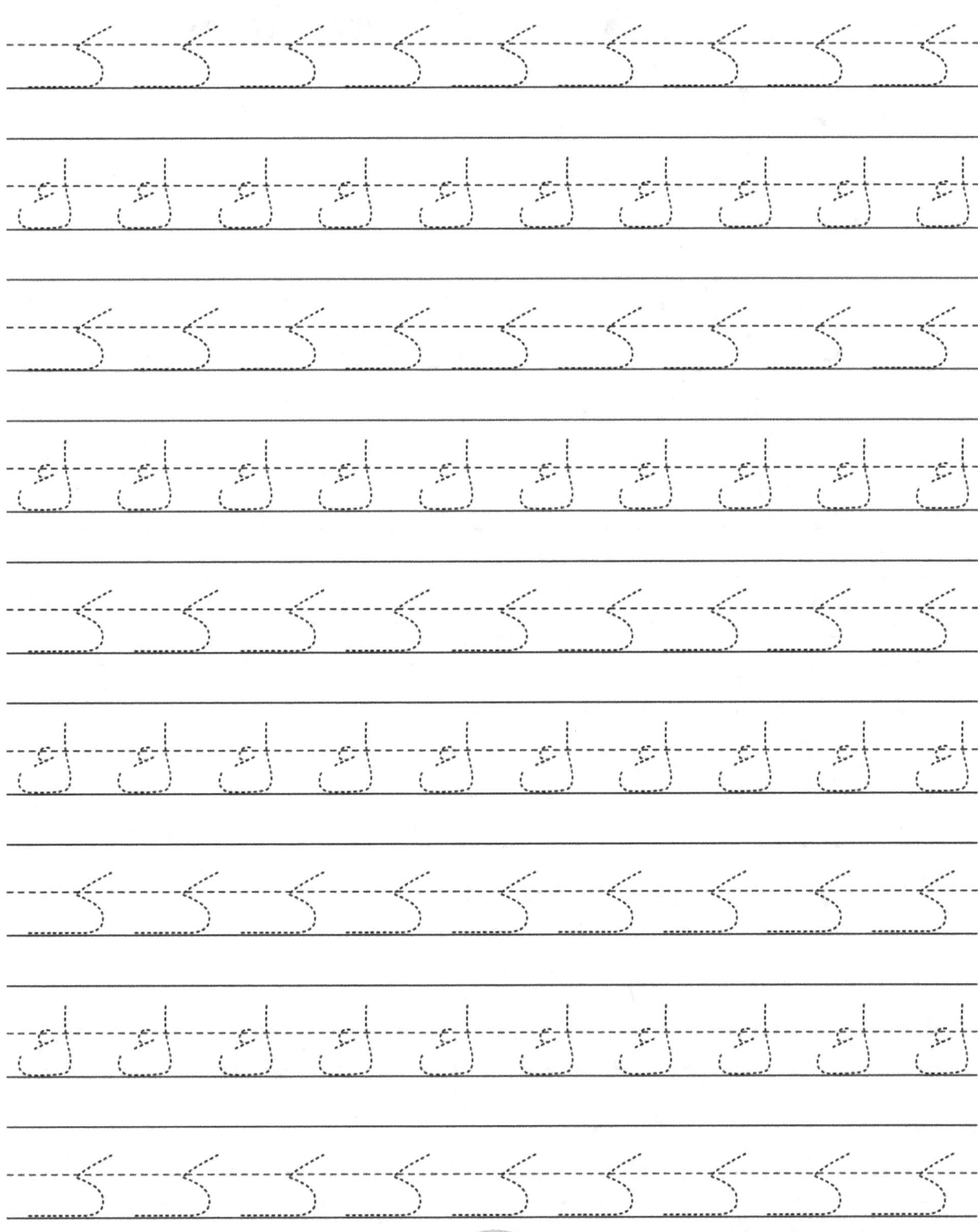

TRACE LA LETTRE KAAF ك

COLORIE CE CHIEN

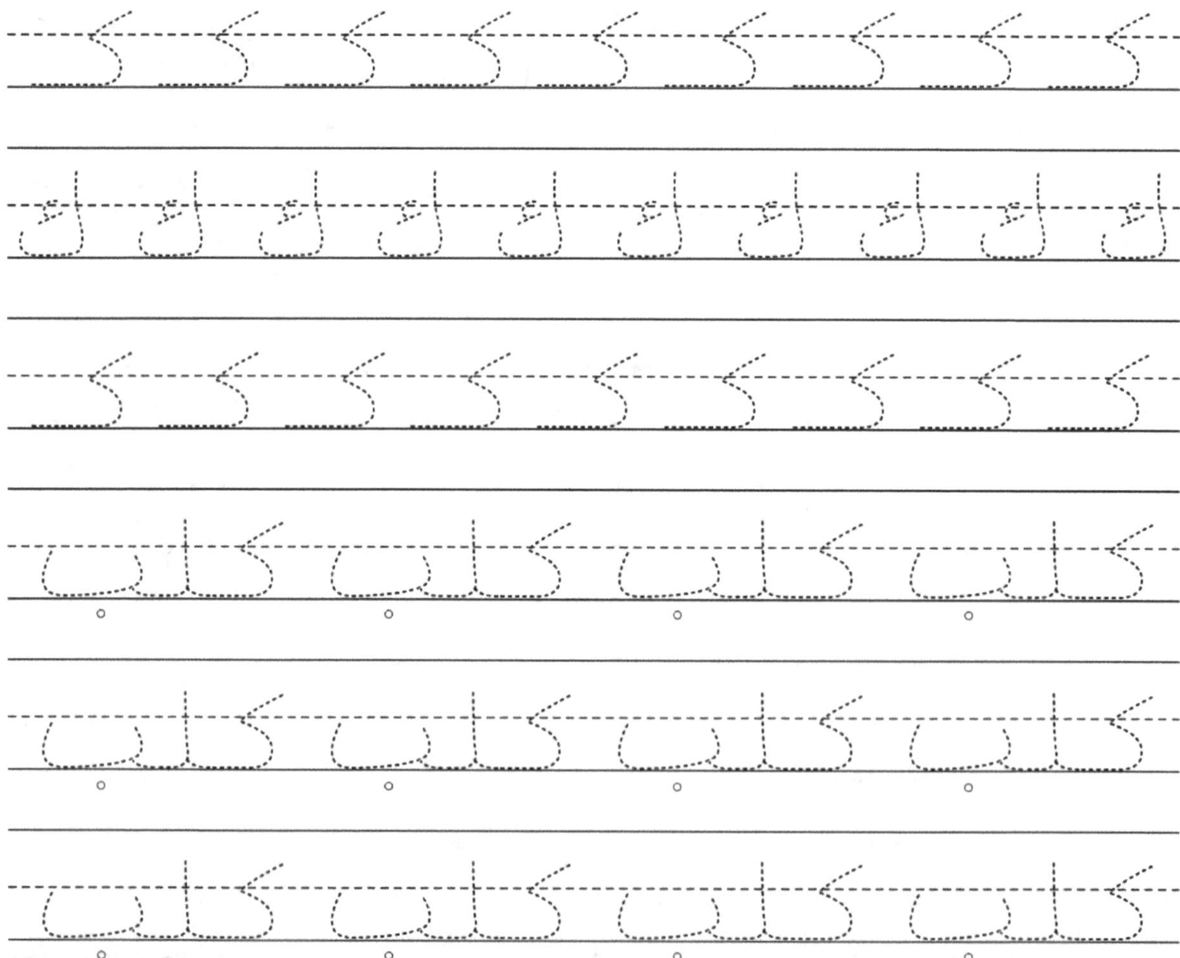

كَلب

ENTRAINE-TOI

TRACE LE MOT QITA قطة

TRACE LA LETTRE QAAF ق

TRACE LA LETTRE QAAF ق

COLORIE CE CHAT

TRACE LE MOT قطة

CHAT	QAAF - ق

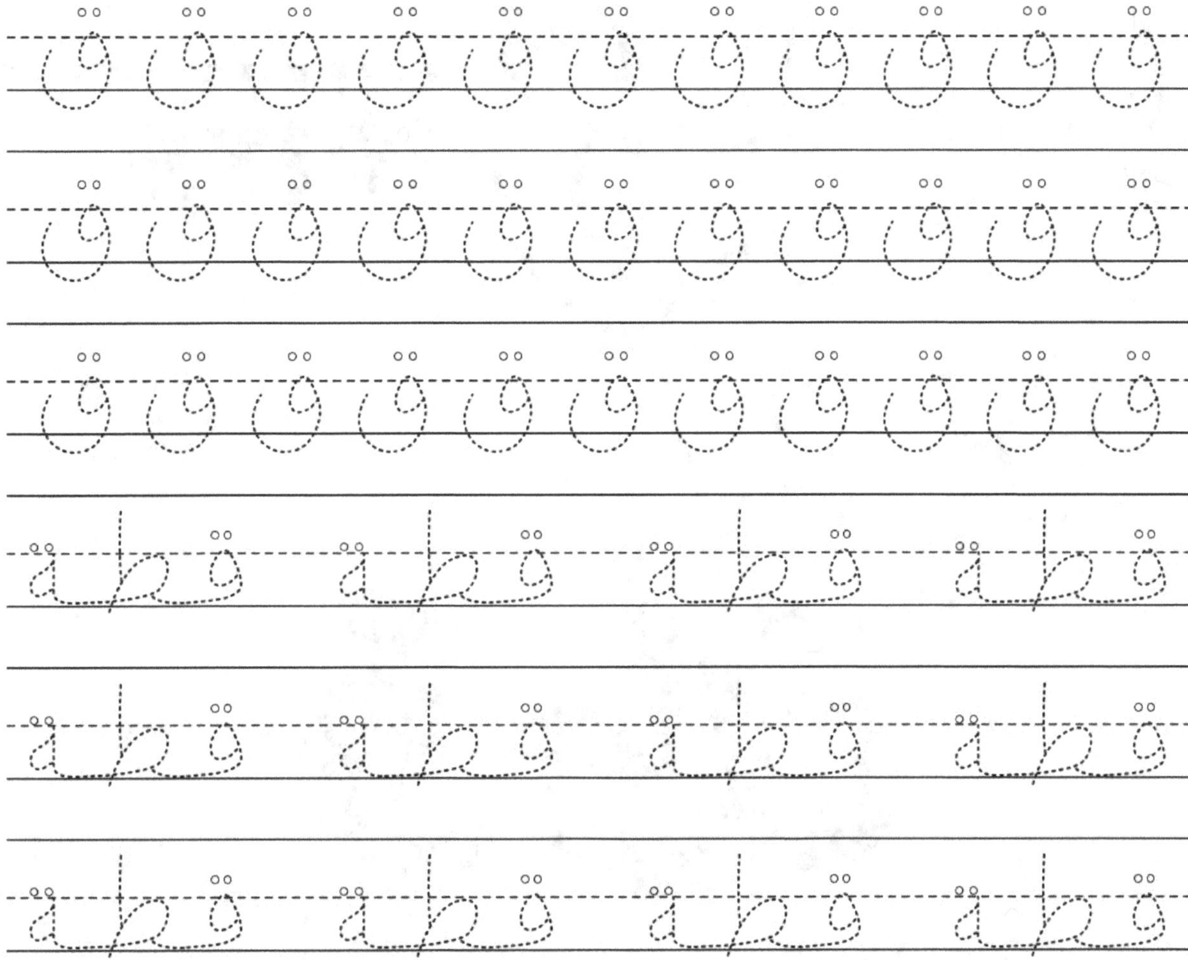

قَ
QITA
قَطَة

ENTRAINE-TOI

TRACE LE MOT FIIL فيل

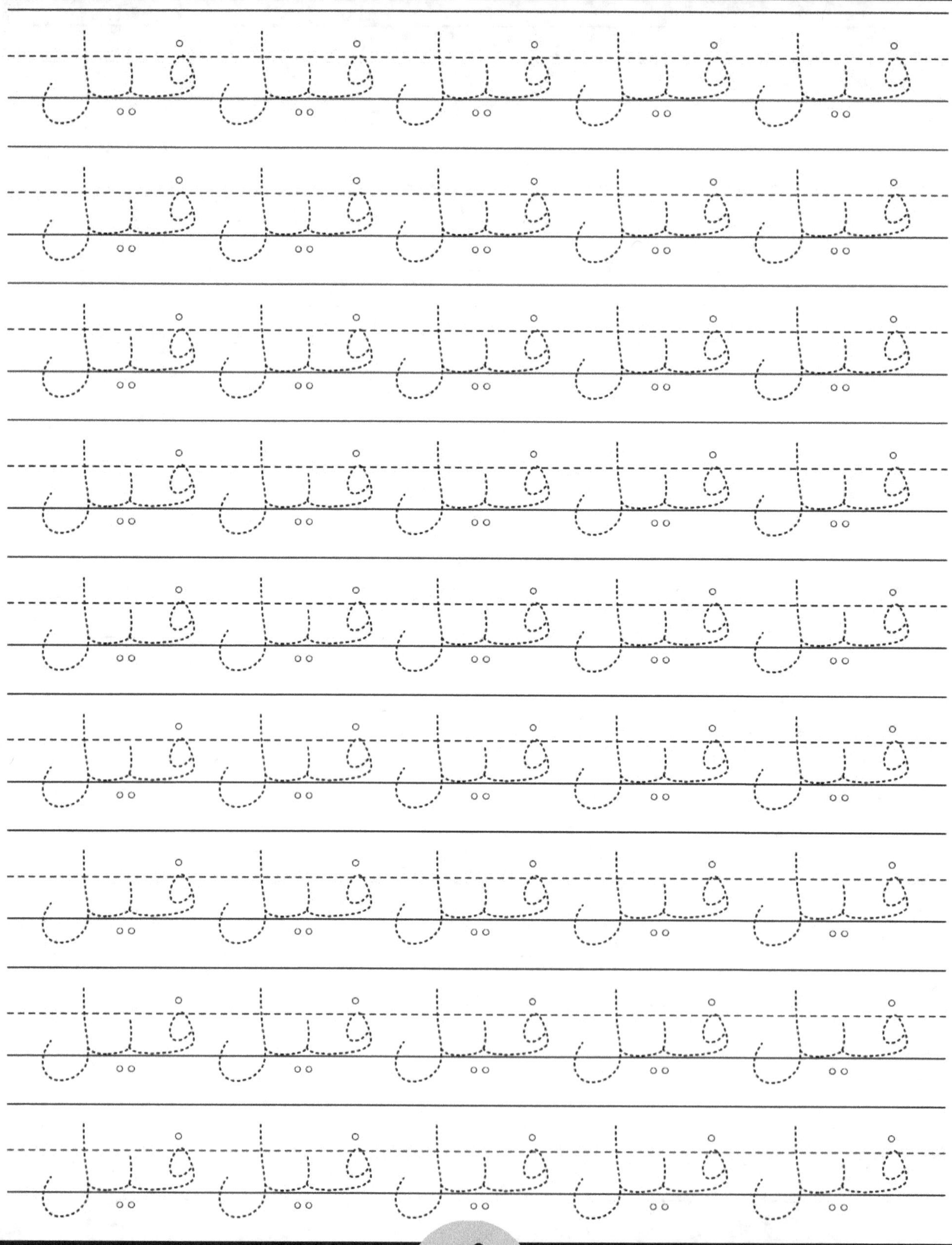

ف

TRACE LA LETTRE FAA ف

ف

TRACE LA LETTRE FAA ف

COLORIE CET ELEPHANT

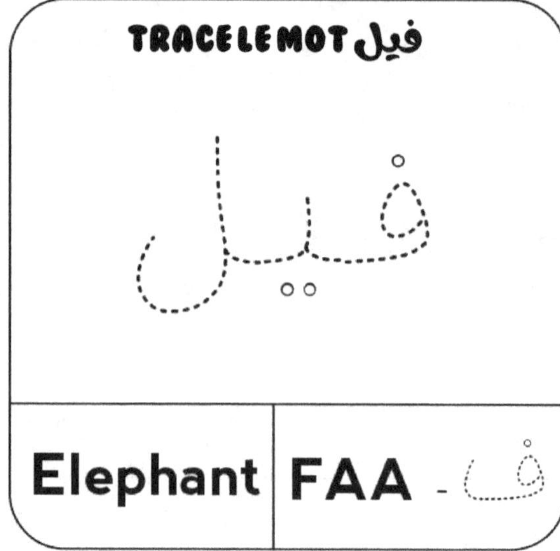

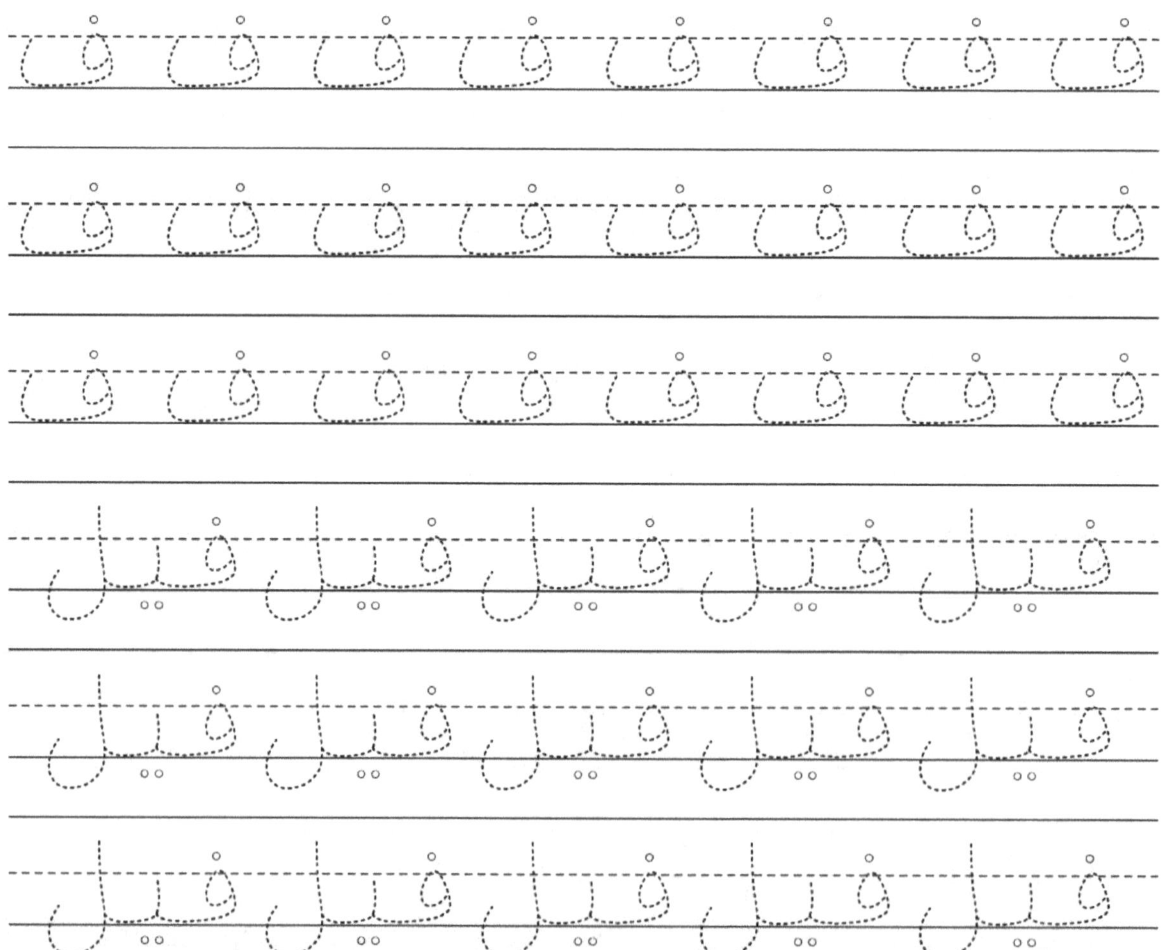

ف

ف
FIIL
فيل

ENTRAINE-TOI

غ

TRACE LE MOT GHAZAL غزال

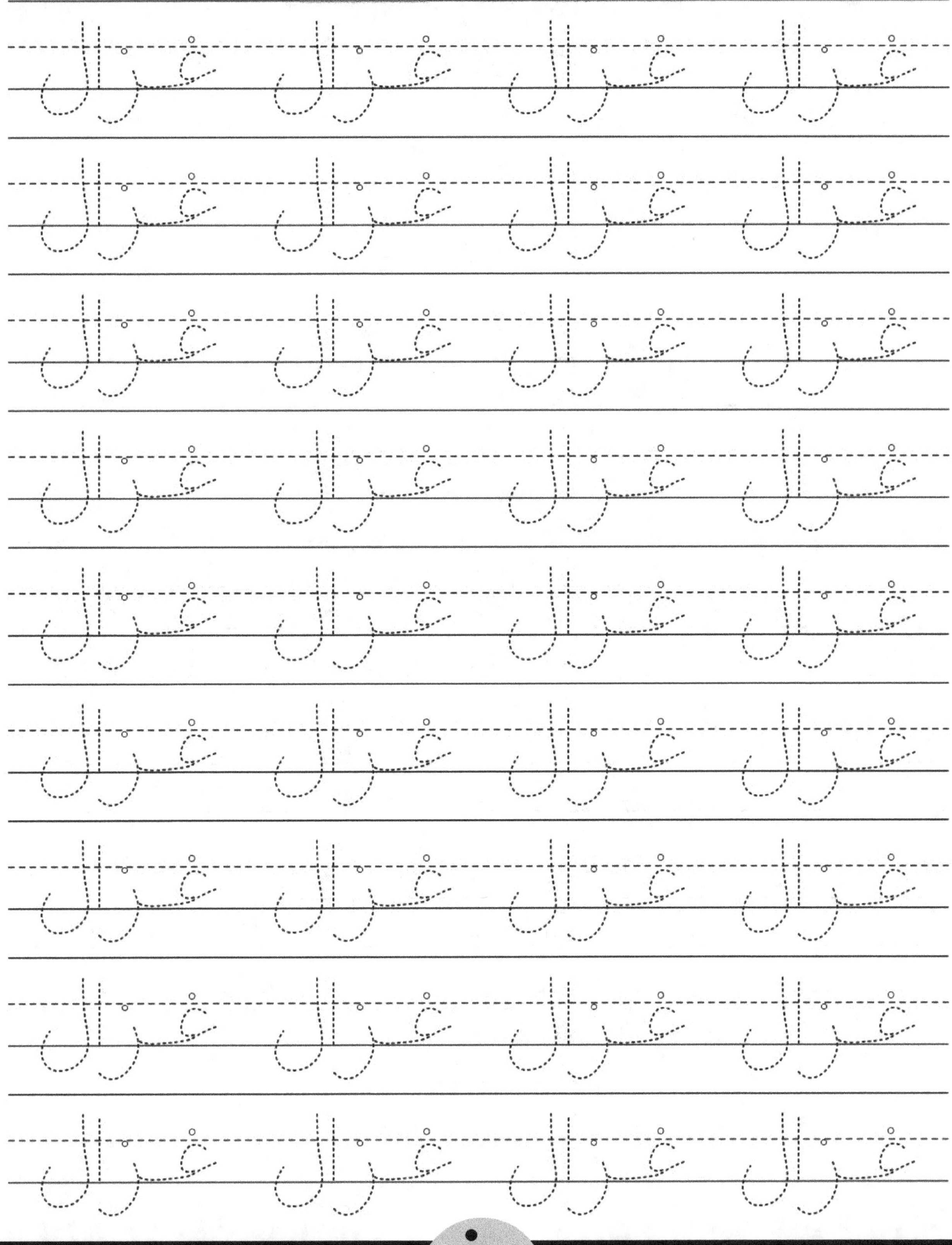

TRACE LA LETTRE GHAYN غ

غ

TRACE LA LETTRE GHAYN غ

COLORIE CETTE GAZELLE

TRACE LE MOT غزال

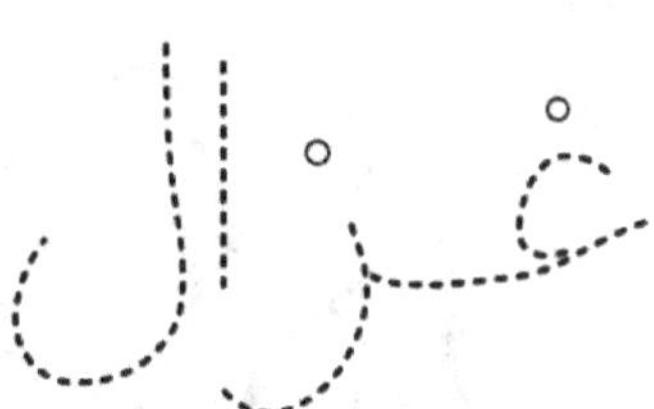

GAZELLE	GHAYN- غ

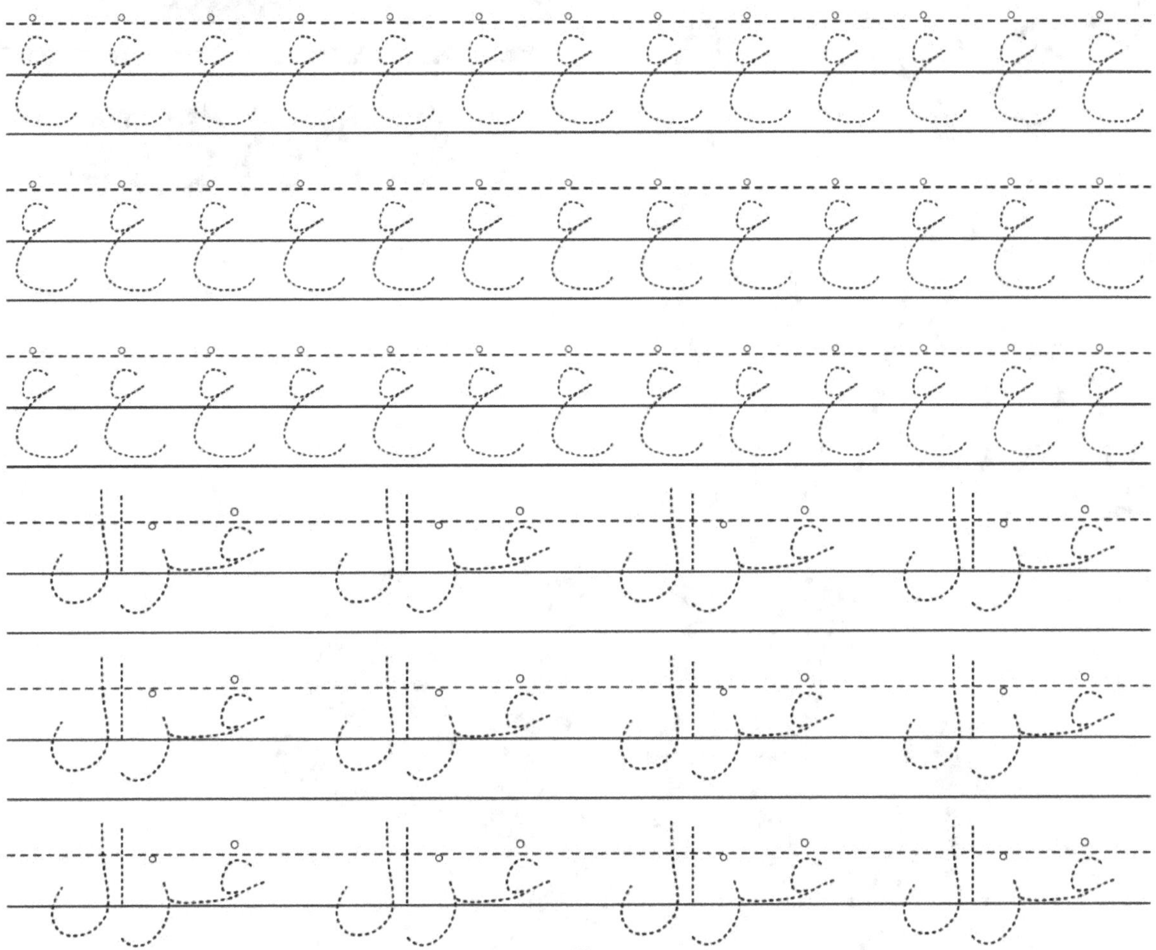

غ

GHAZAL

غزال

ENTRAINE-TOI

TRACE LE MOT 'OUS̄SFOOR عصفور

TRACE LA LETTRE 'AIN ع

TRACE LA LETTRE 'AIN ع

COLORIE CET OISEAU

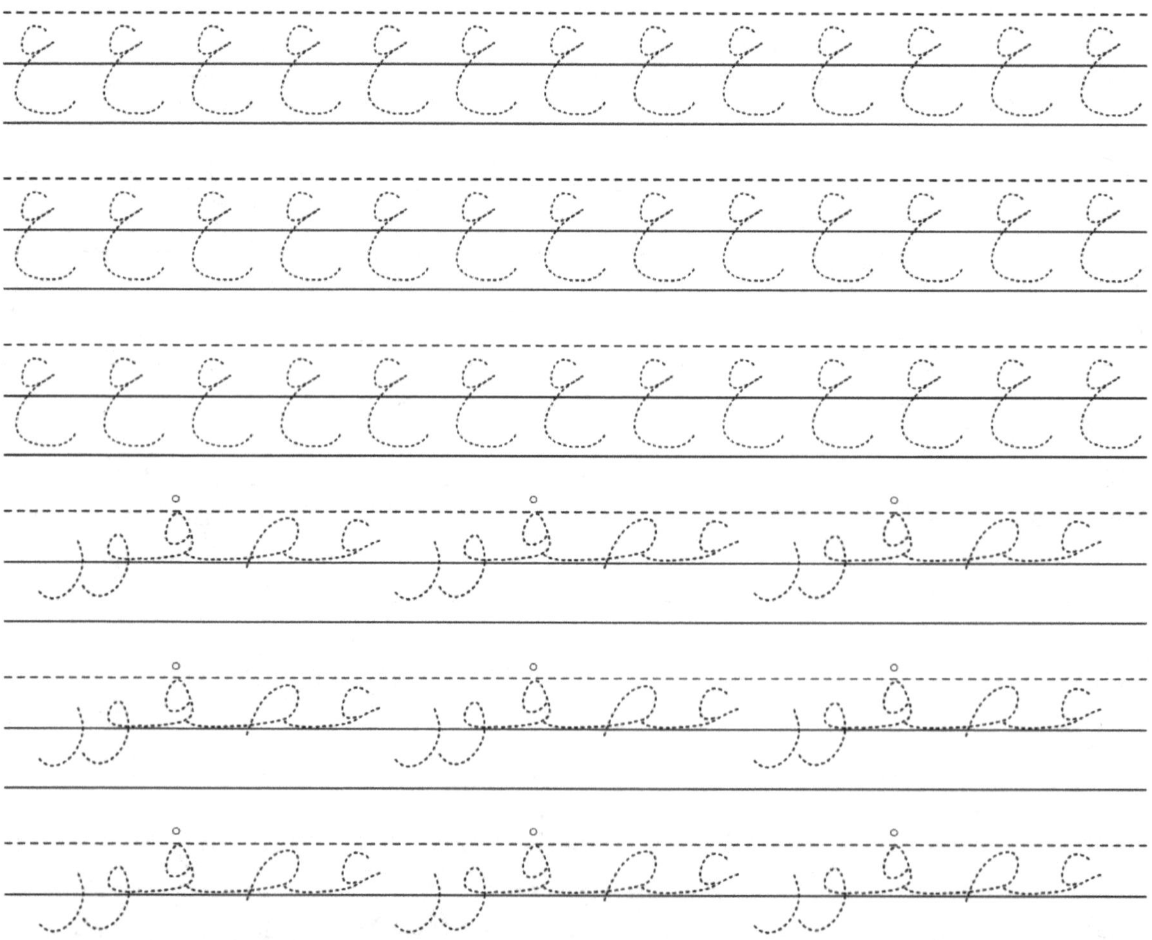

ع

'OUSSFOOUR

عصفور

ENTRAINE-TOI

TRACE LE MOT THAB YI ظبي

TRACE LA LETTRE THAA ظ

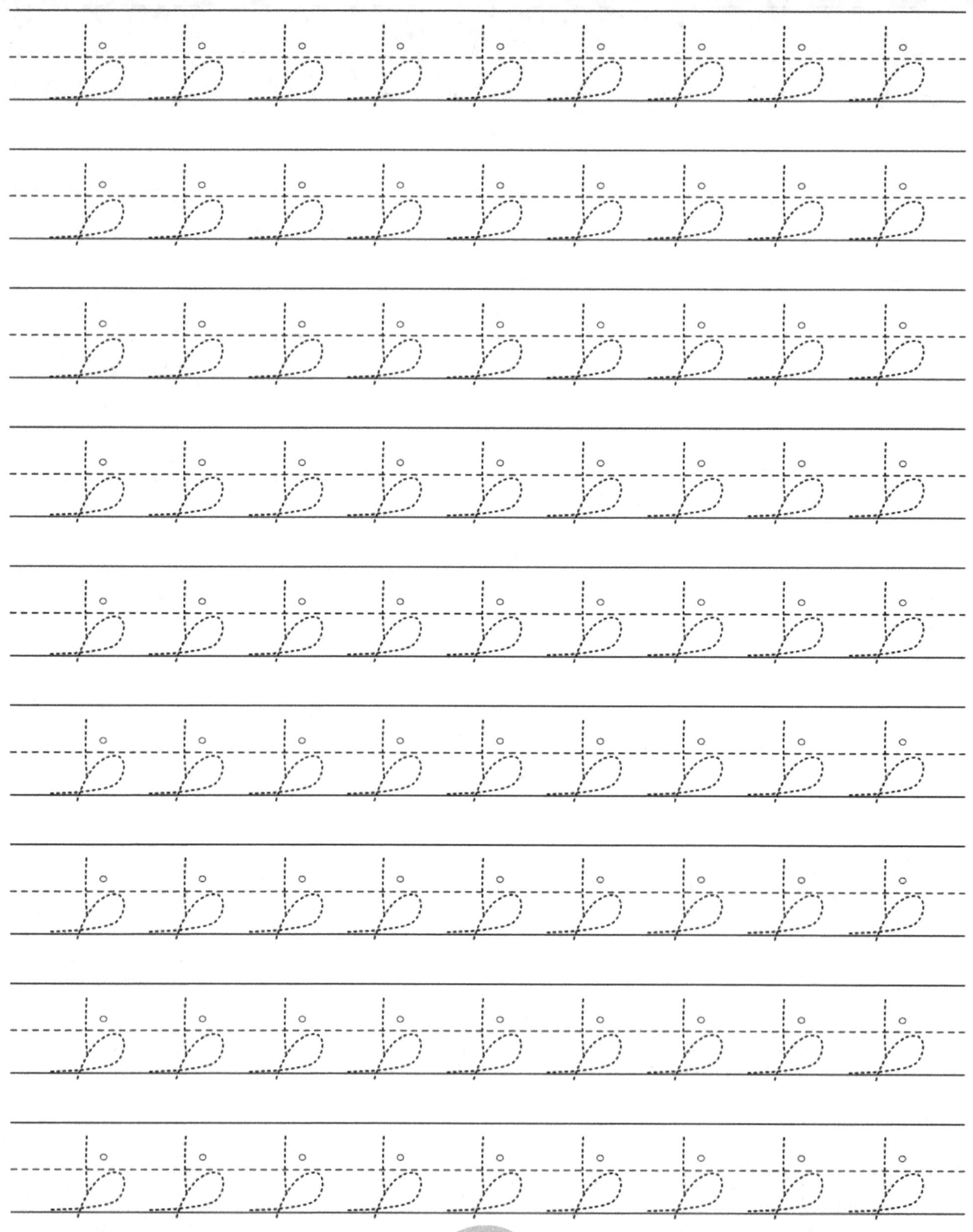

TRACE LA LETTRE T̄HAA ظ

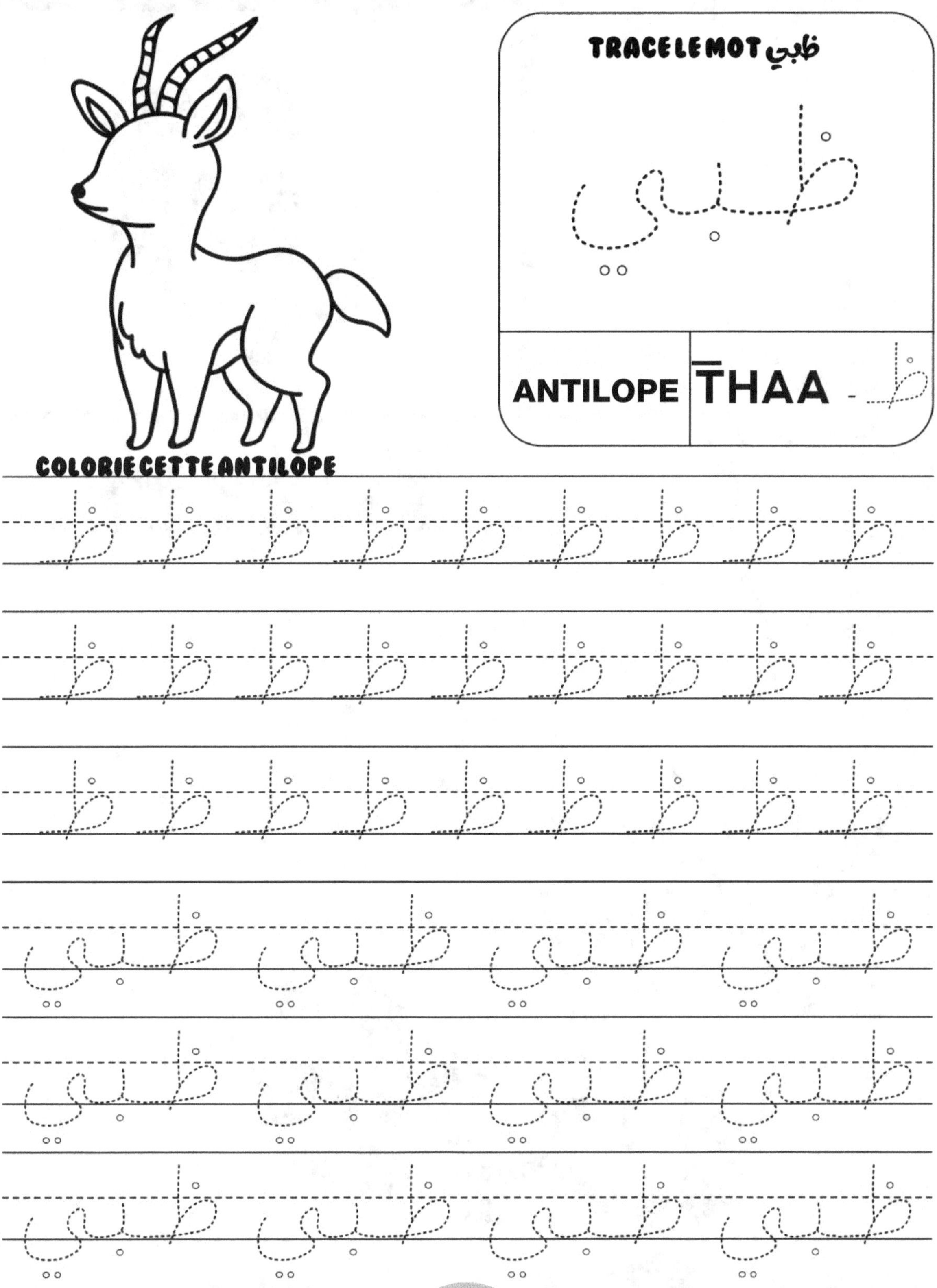

T̄HAB YI

ظبي

ENTRAINE-TOI

TRACE LE MOT ṬAWOOUS طووس

طووس طووس طووس
طووس طووس طووس
طووس طووس طووس
طووس طووس طووس
طووس طووس طووس
طووس طووس طووس
طووس طووس طووس
طووس طووس طووس
طووس طووس طووس

TRACE LA LETTRE ṬAA ط

TRACE LA LETTRE ṬAA ط

COLORIE CE PAON

TRACE LE MOT طووس

طووس

PAON	ṬAA - ط

ط ط ط ط ط ط ط ط ط

ط ط ط ط ط ط ط ط ط

ط ط ط ط ط ط ط ط ط

طووس طووس طووس

طووس طووس طووس

طووس طووس طووس

ط

TAWOOUS

طاووس

ENTRAINE-TOI

TRACE LE MOT DAFDA' ضفدع

TRACE LA LETTRE DAAD ض

ض

TRACE LA LETTRE DAAD ض

COLORIE CETTE GRENOUILLE

TRACE LE MOT ضفدع

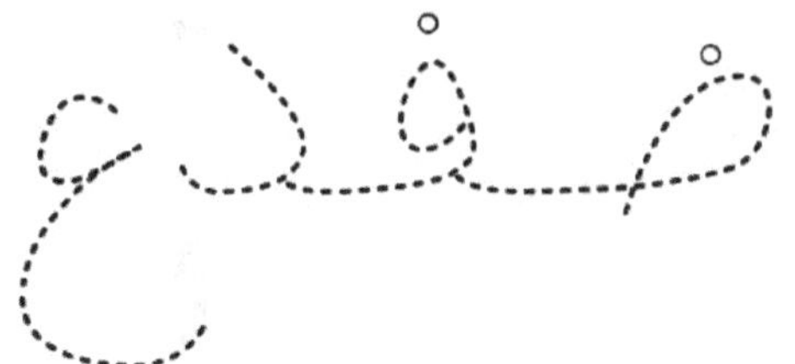

GRENOUILLE | DAAD - ض

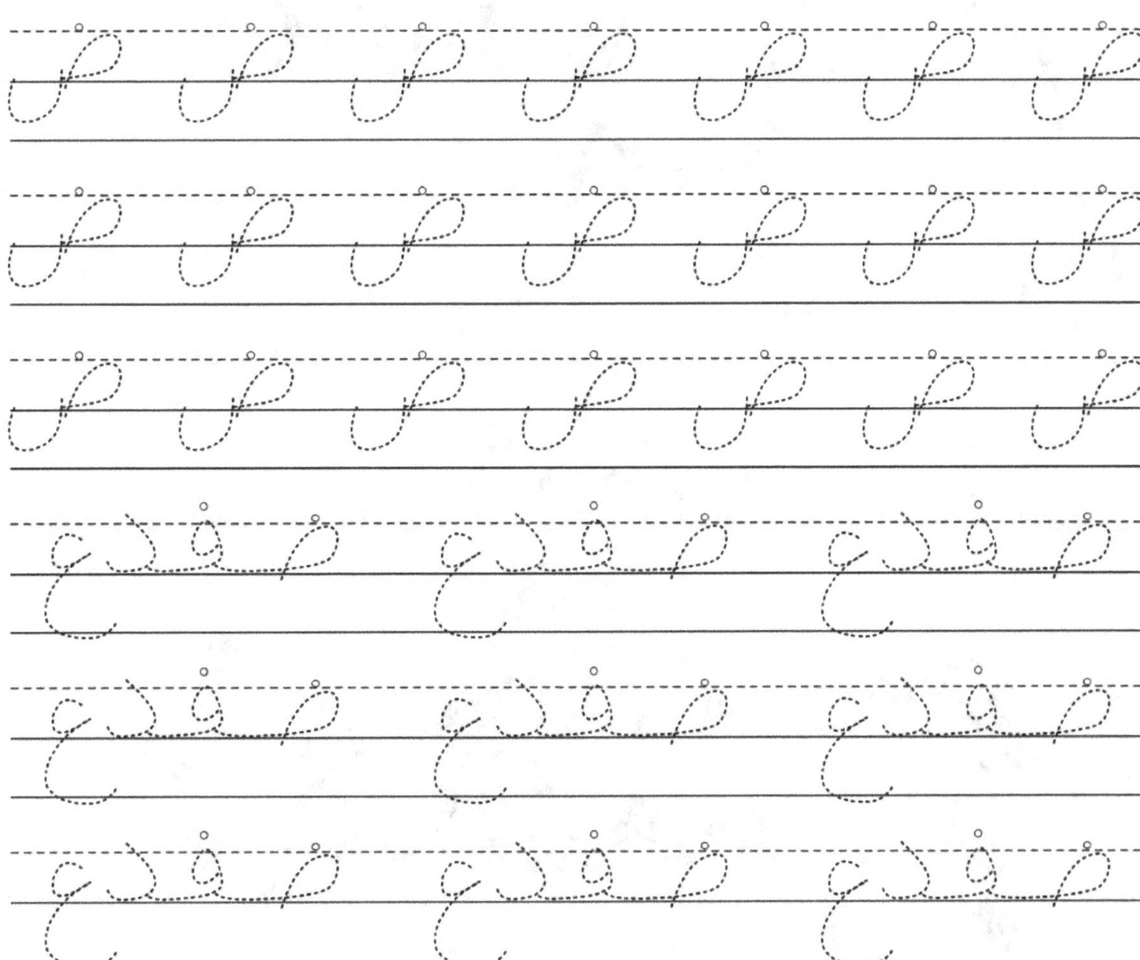

D̄AFDA'

ضفدع

ENTRAINE-TOI

TRACE LE MOT SAQAR صقر

ص

TRACE LA LETTRE SAAD ص

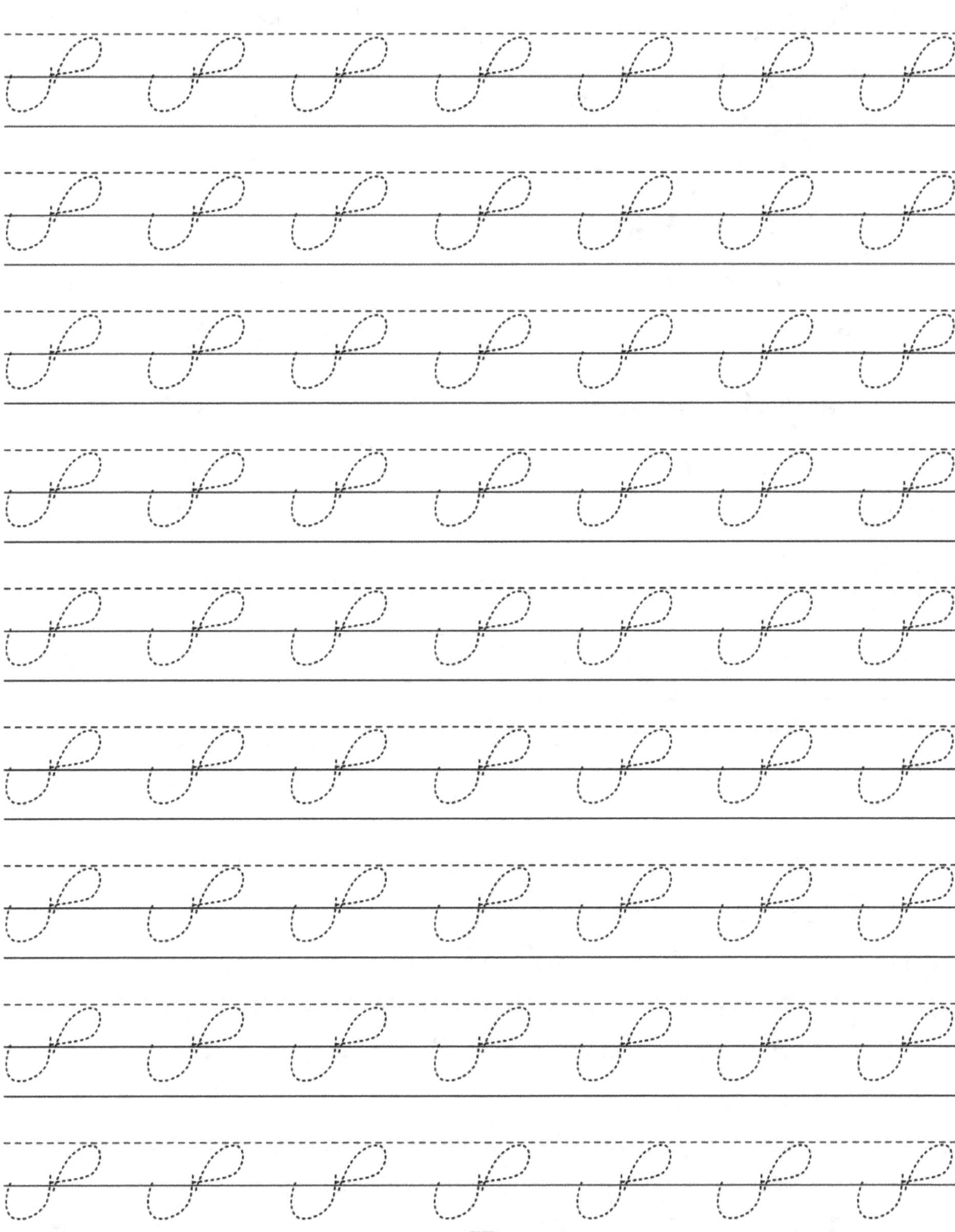

TRACE LA LETTRE SAAD ص

COLORIE CE FAUCON

TRACE LE MOT صقر

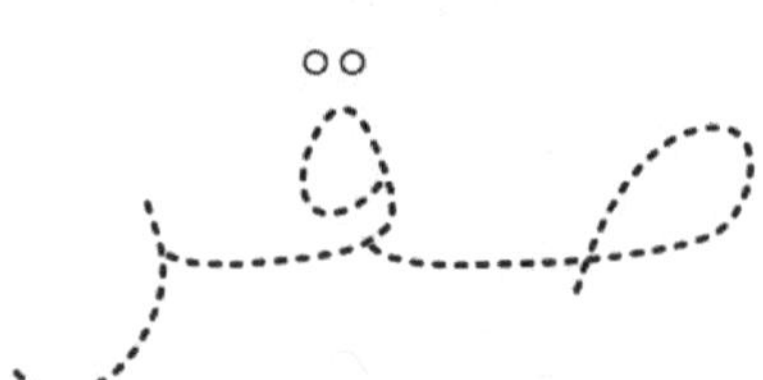

FAUCON	SAAD - ص

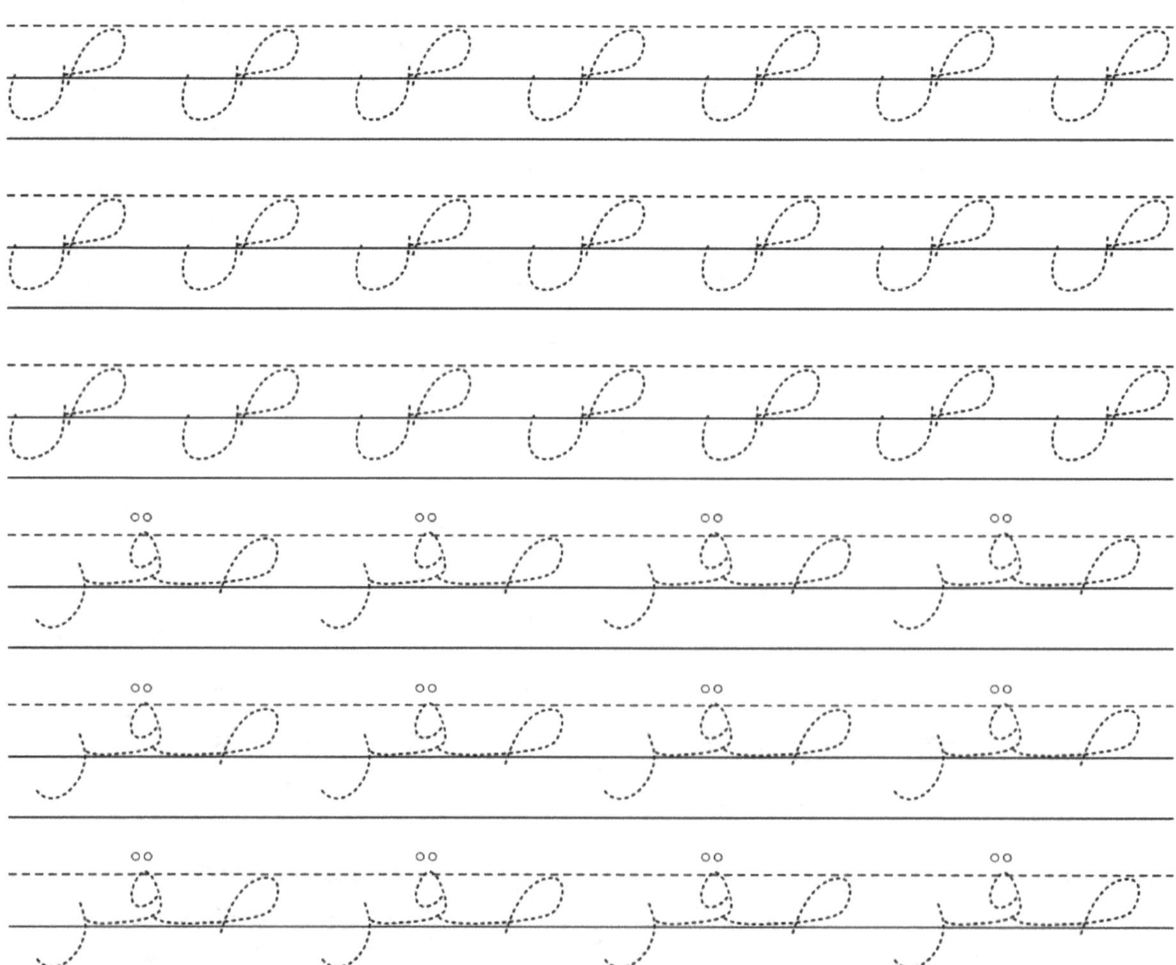

ص

S̄AQAR

صَقر

ENTRAINE-TOI

TRACE LE MOT CHIBL شبل

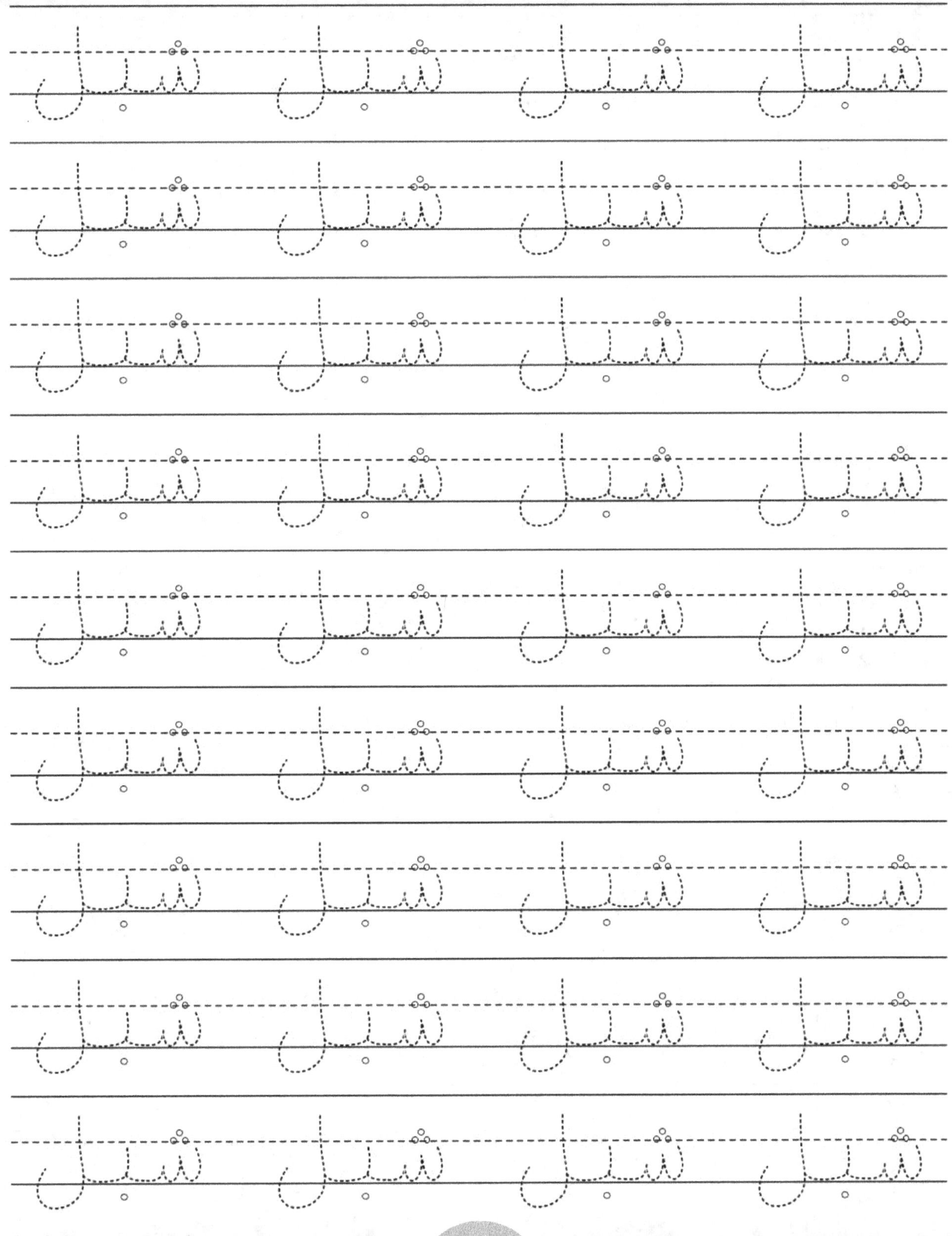

TRACE LA LETTRE SHIIN ش

TRACE LA LETTRE SHIIN ش

COLORIE CE LIONCEAU

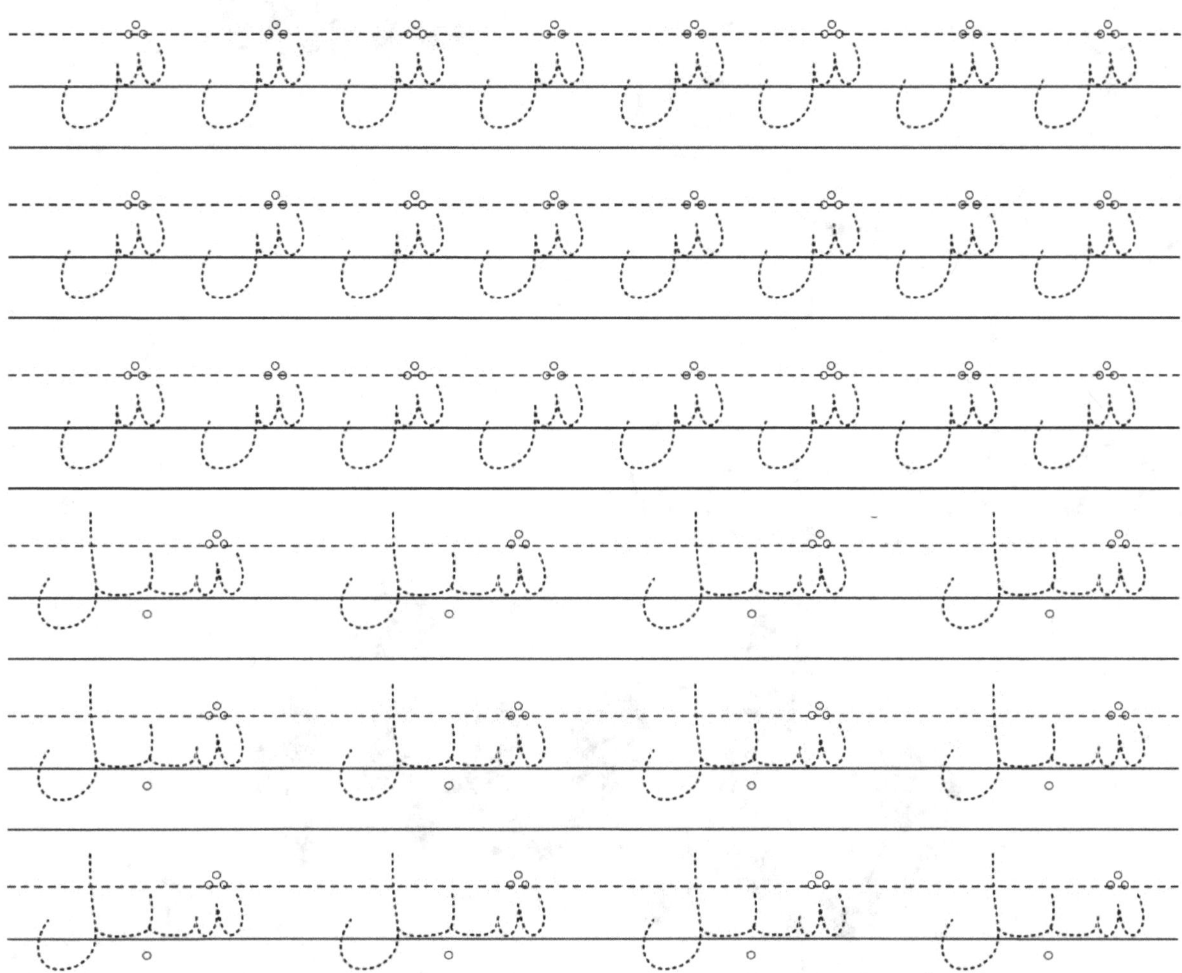

ش

CHIBL

شبل

ENTRAINE-TOI

TRACE LE MOT SAMAKA سمكة

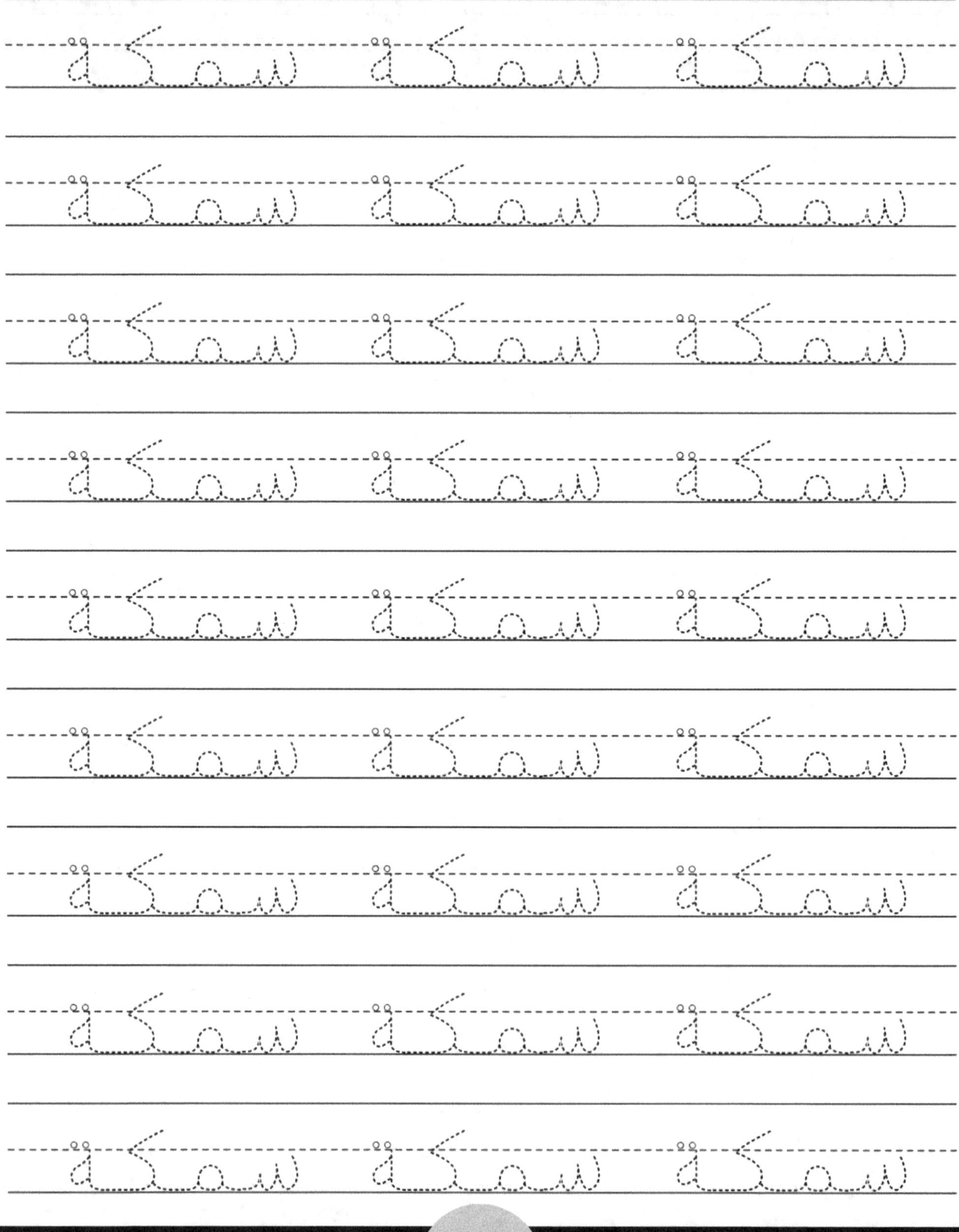

TRACE LA LETTRE SIIN س

TRACE LA LETTRE SIIN س

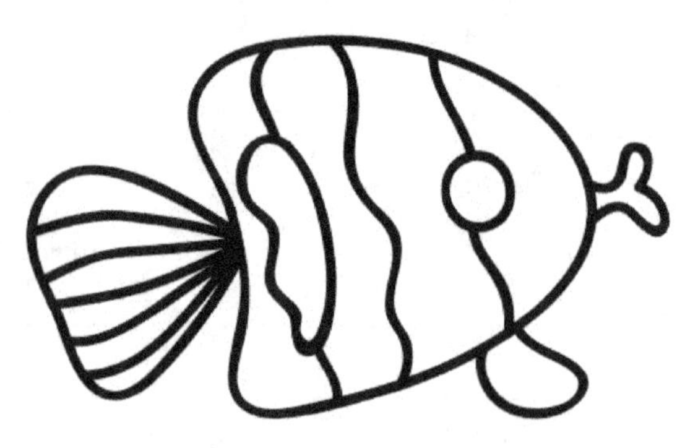

COLORIE CE POISSON

TRACE LE MOT سمكة

سمكة

POISSON	SIIN - س

س س س س س س س

س س س س س س س

س س س س س س س

سمكة سمكة سمكة

سمكة سمكة سمكة

سمكة سمكة سمكة

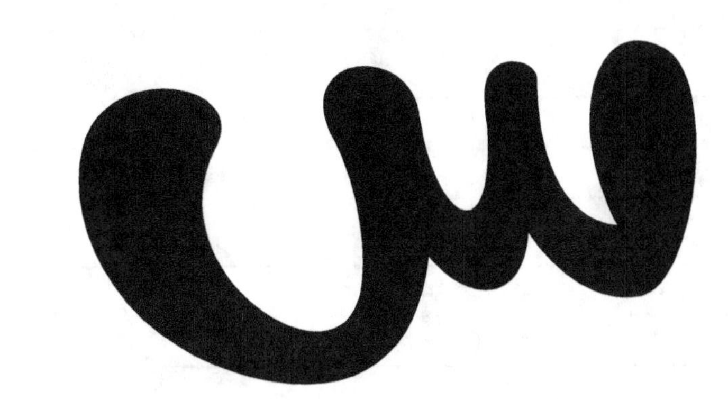

SAMAKA

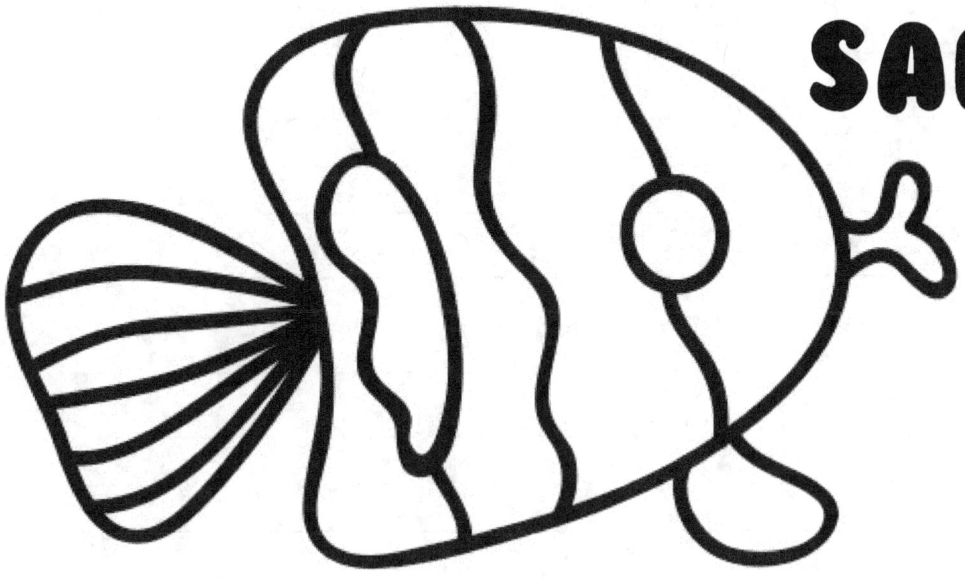

سمكة

ENTRAINE-TOI

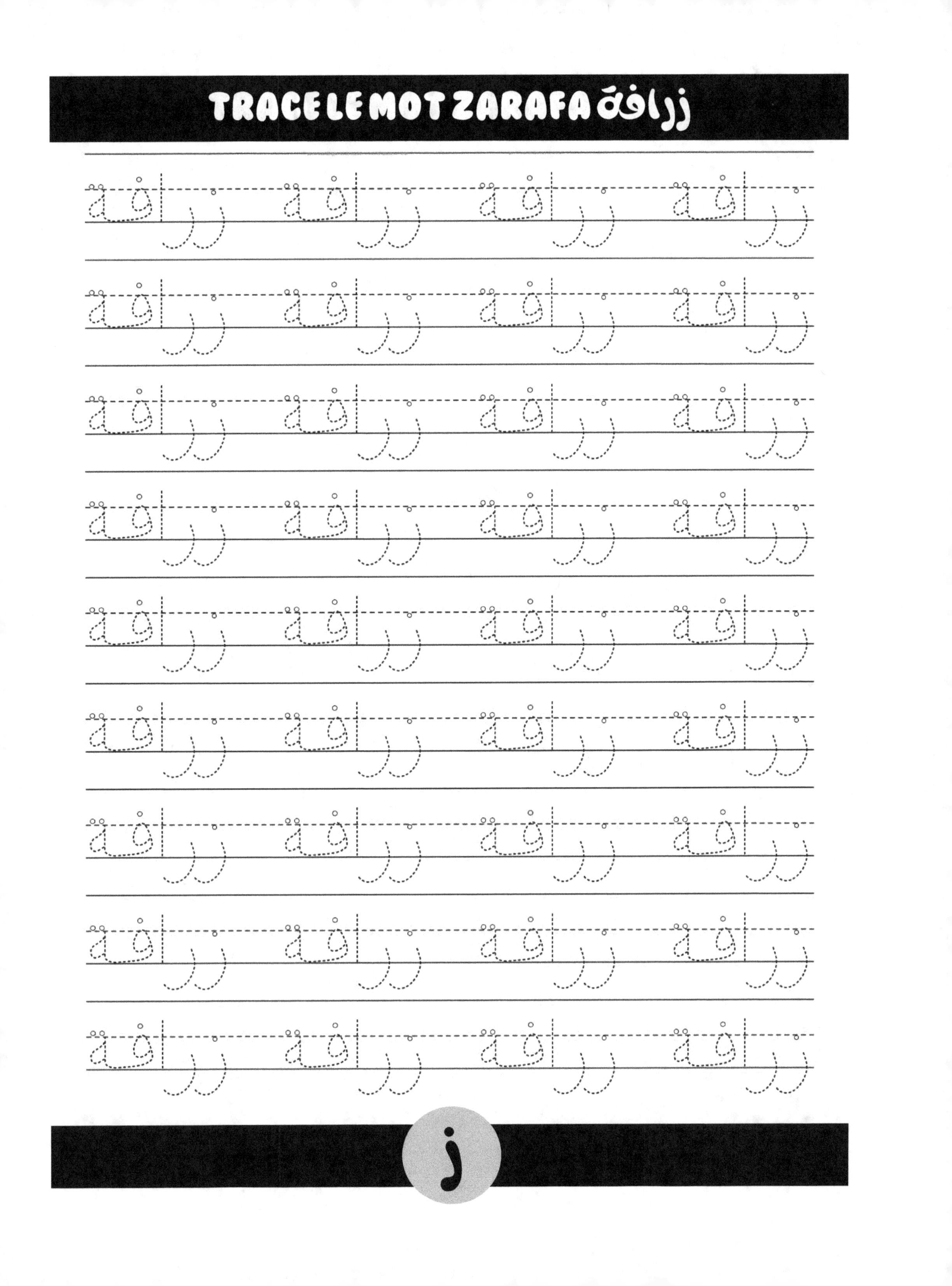

TRACE LE MOT ZARAFA زرافة

TRACE LA LETTRE ZAIN ز

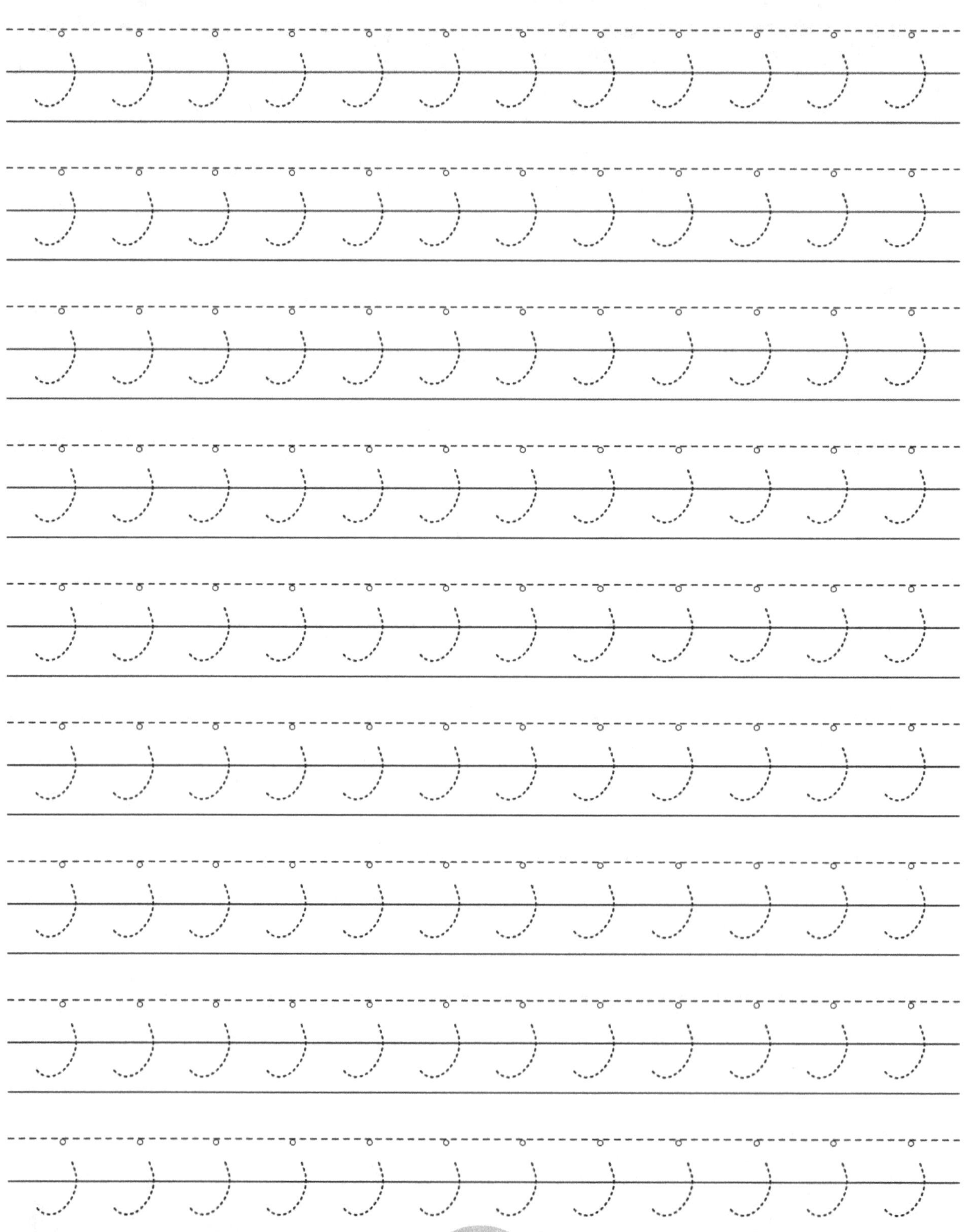

TRACE LA LETTRE ZAIN ز

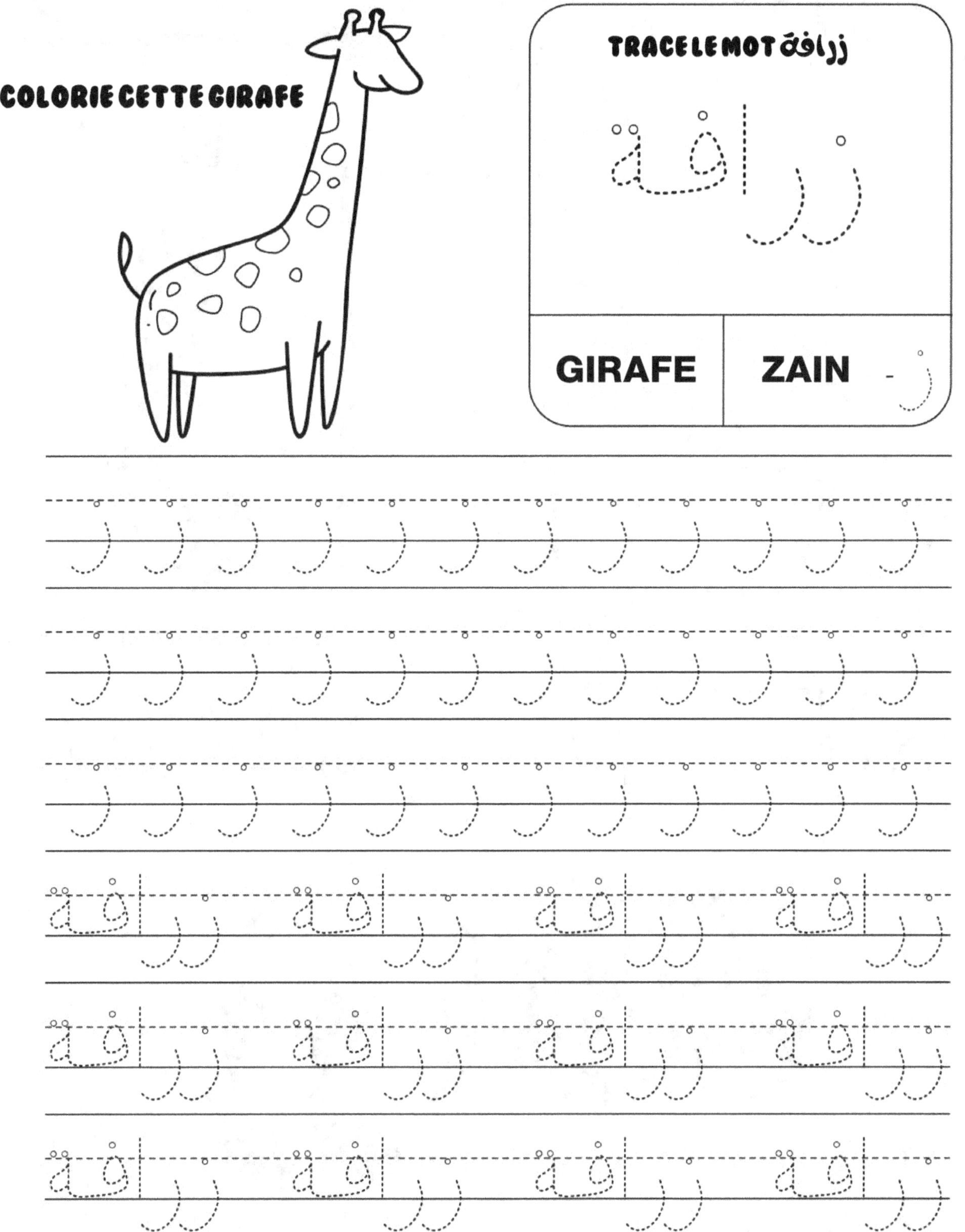

ز

ZARAFA

زرافة

ENTRAINE-TOI

TRACE LE MOT RAAKOON راكون

TRACE LA LETTRE RAA ر

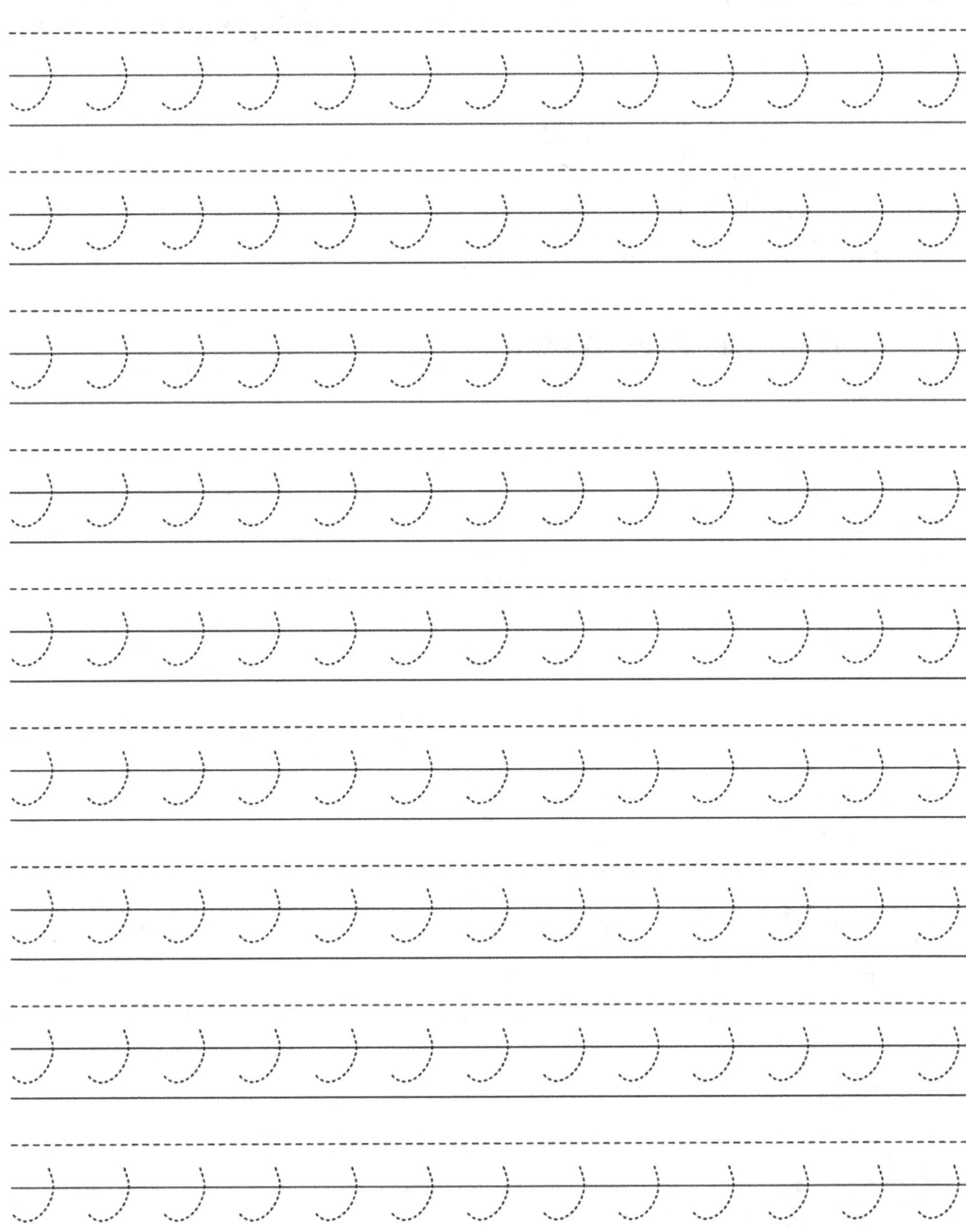

ر

TRACE LA LETTRE RAA ر

COLORIE CE RATON LAVEUR

TRACE LE MOT راكون

RATON LAVEUR	RAA - ر

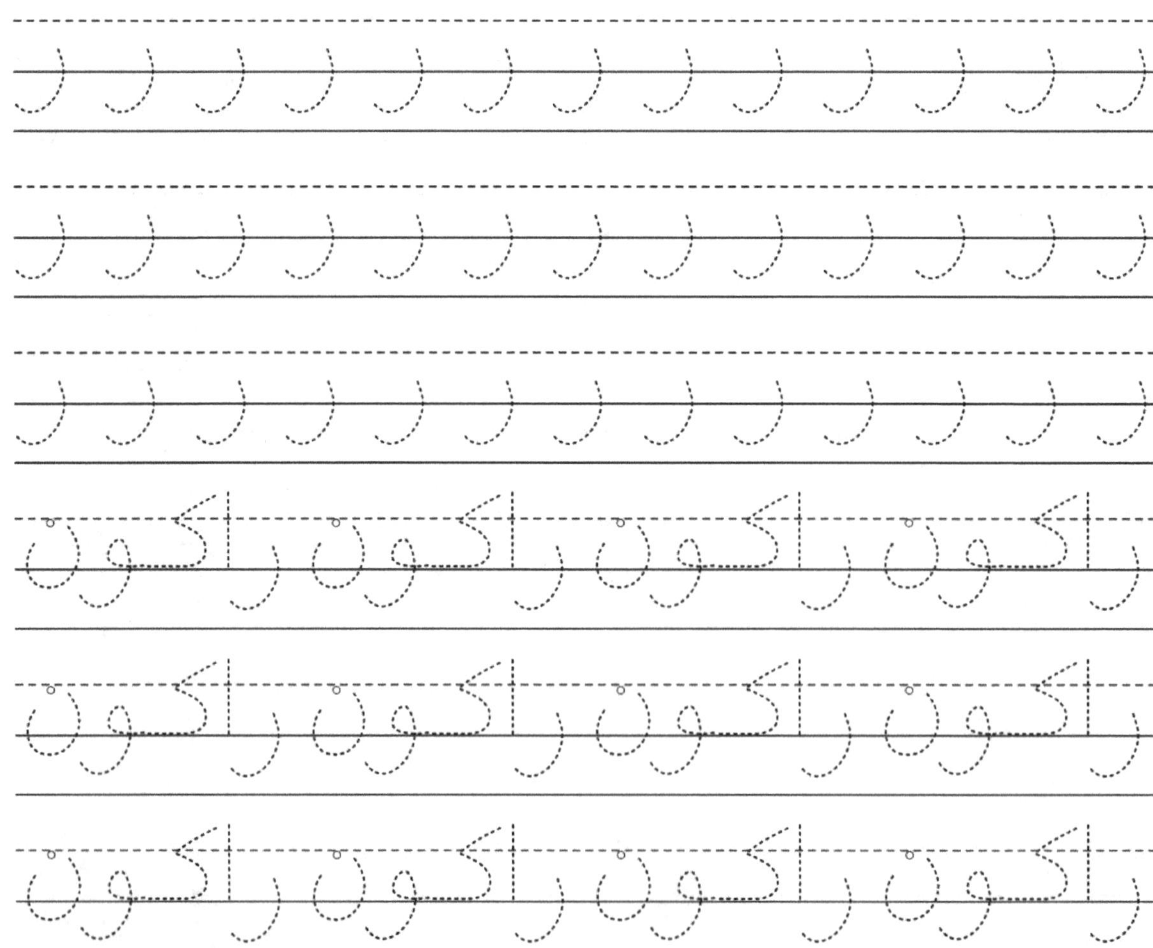

RAAKOOUN

راكون

ENTRAINE-TOI

TRACE LE MOT DHIB ذئب

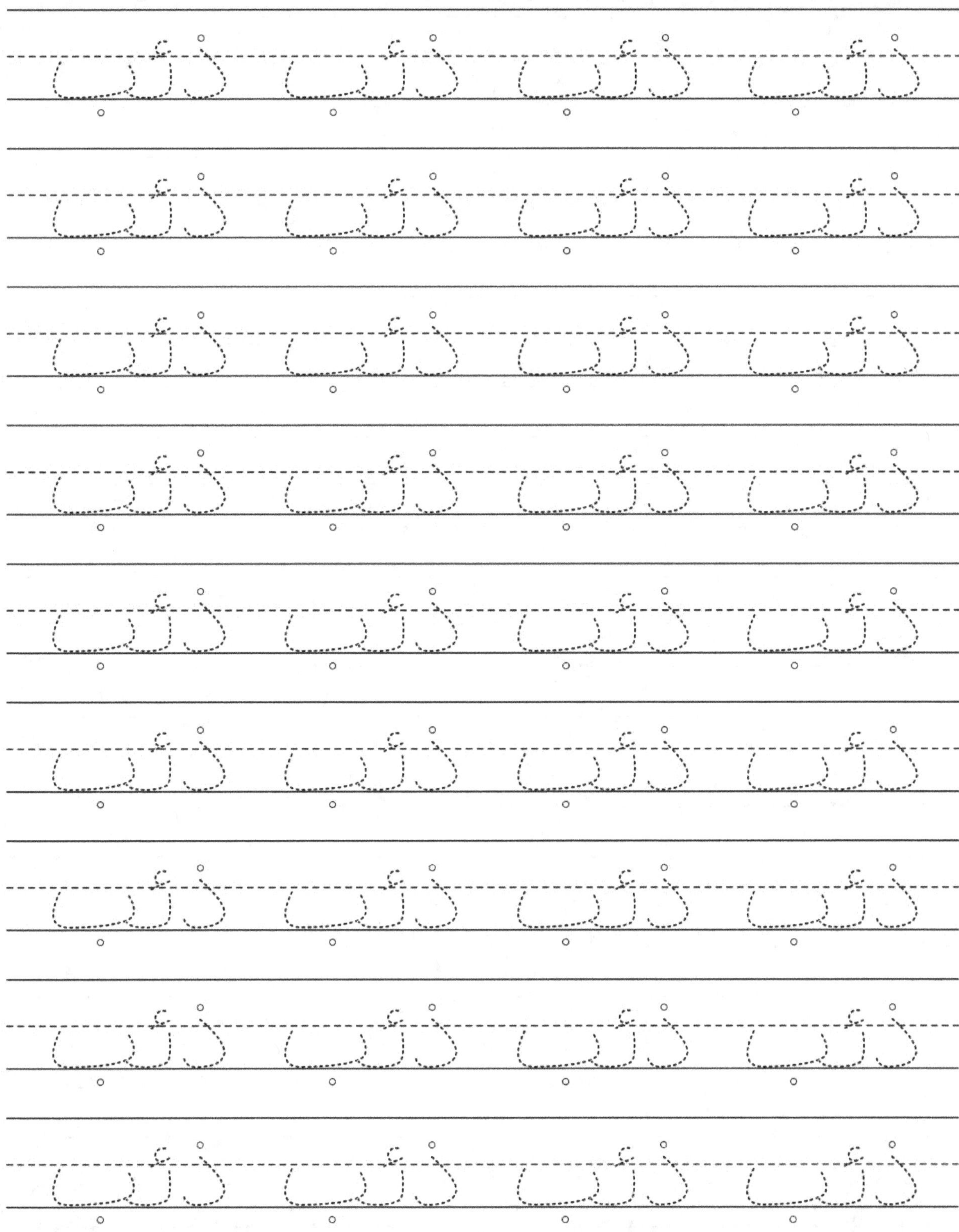

TRACE LA LETTRE DHAAL ذ

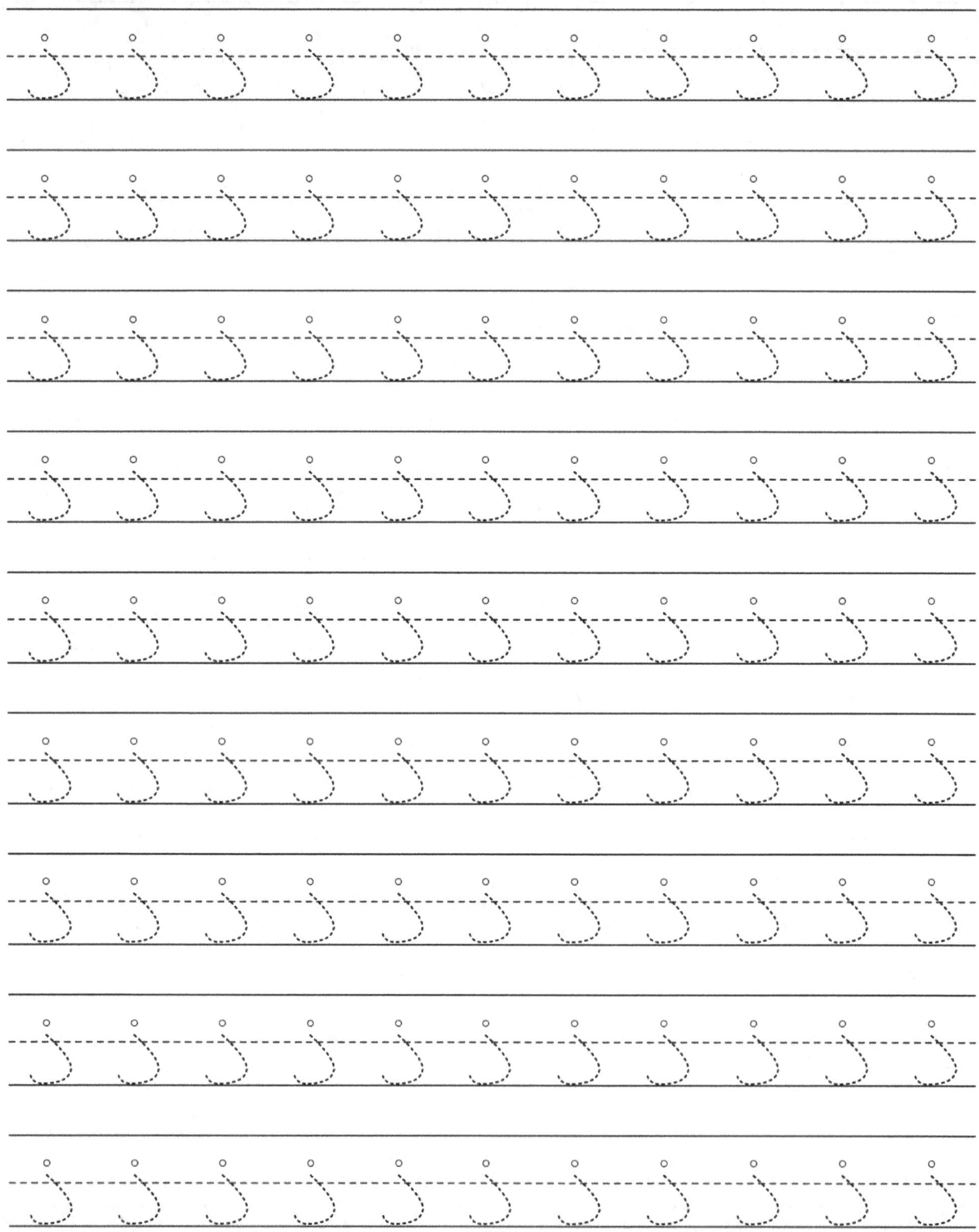

TRACE LA LETTRE DHAAL ذ

COLORIE CE LOUP

TRACE LE MOT ذئب

ذئب

LOUP	DHAAL - ذ

ذ ذ ذ ذ ذ ذ ذ ذ ذ ذ ذ

ذ ذ ذ ذ ذ ذ ذ ذ ذ ذ ذ

ذ ذ ذ ذ ذ ذ ذ ذ ذ ذ ذ

ذئب ذئب ذئب ذئب

ذئب ذئب ذئب ذئب

ذئب ذئب ذئب ذئب

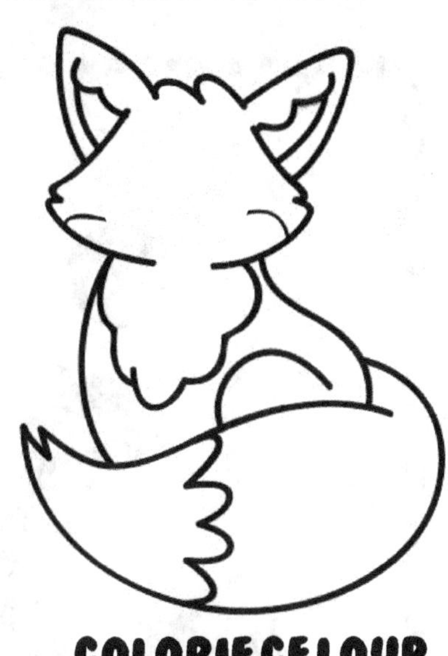

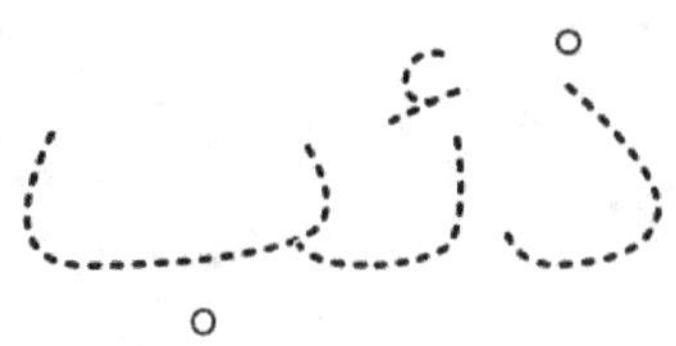

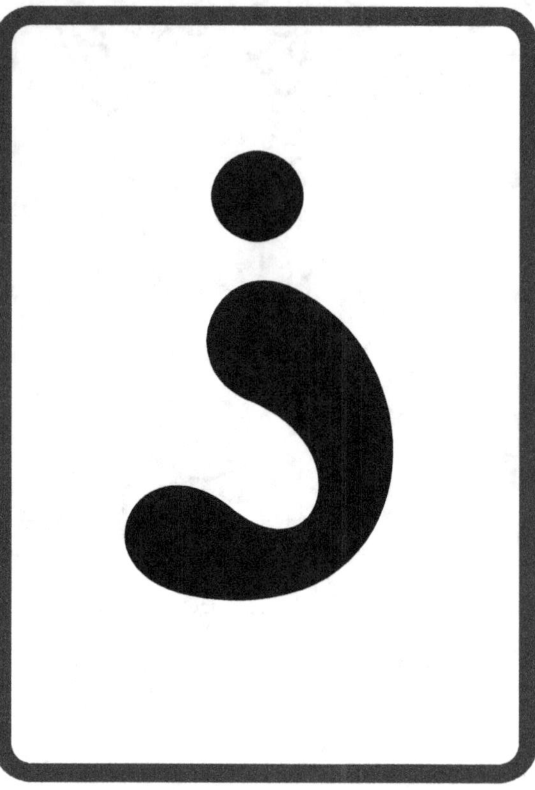

DHIB

ENTRAINE-TOI

TRACE LE MOT DOUB دُبّ

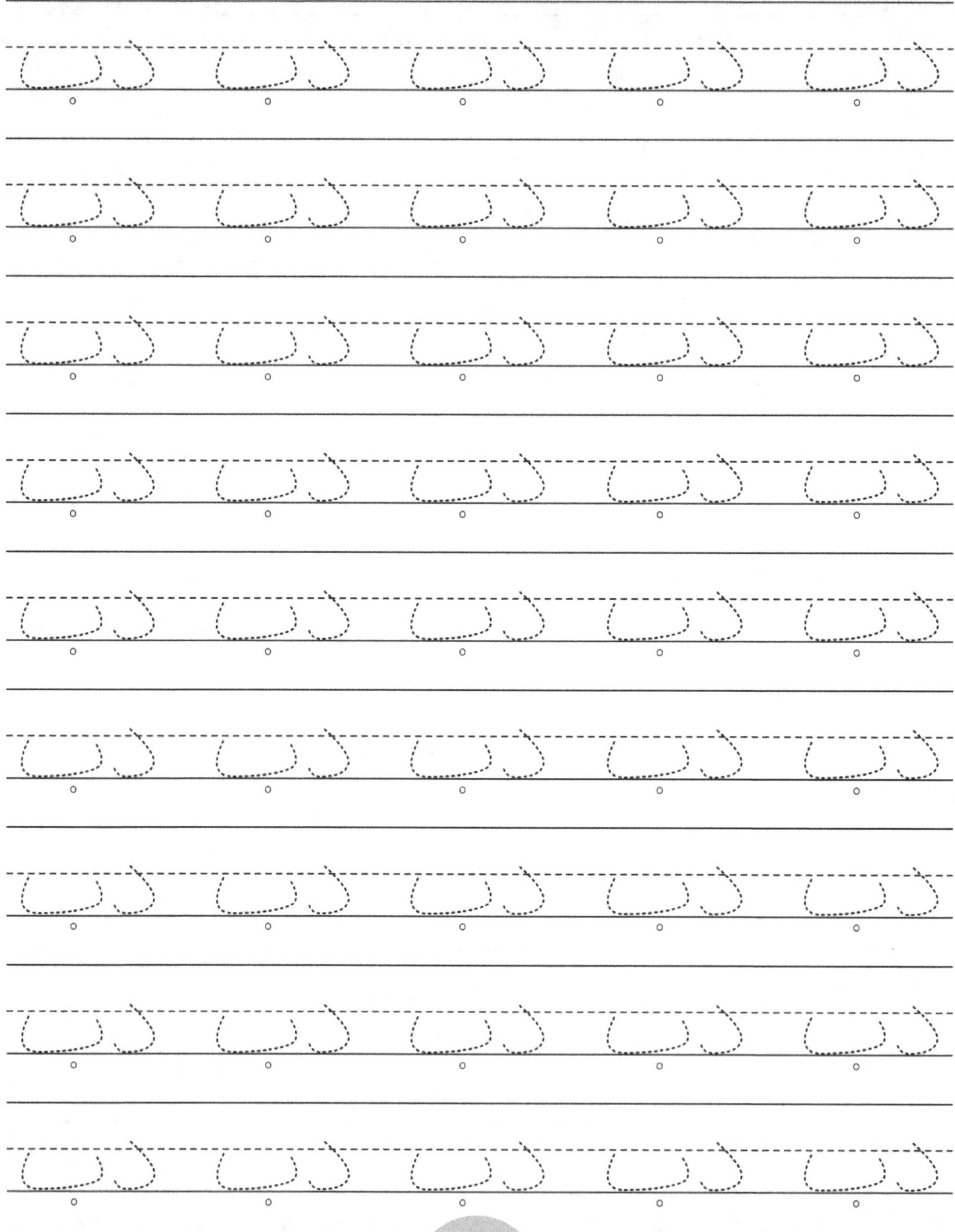

TRACE LA LETTRE DAAL د

TRACE LA LETTRE DAAL د

د

DOUB

ENTRAINE-TOI

TRACE LE MOT KHAROUF خروف

خ

TRACE LA LETTRE KHAA خ

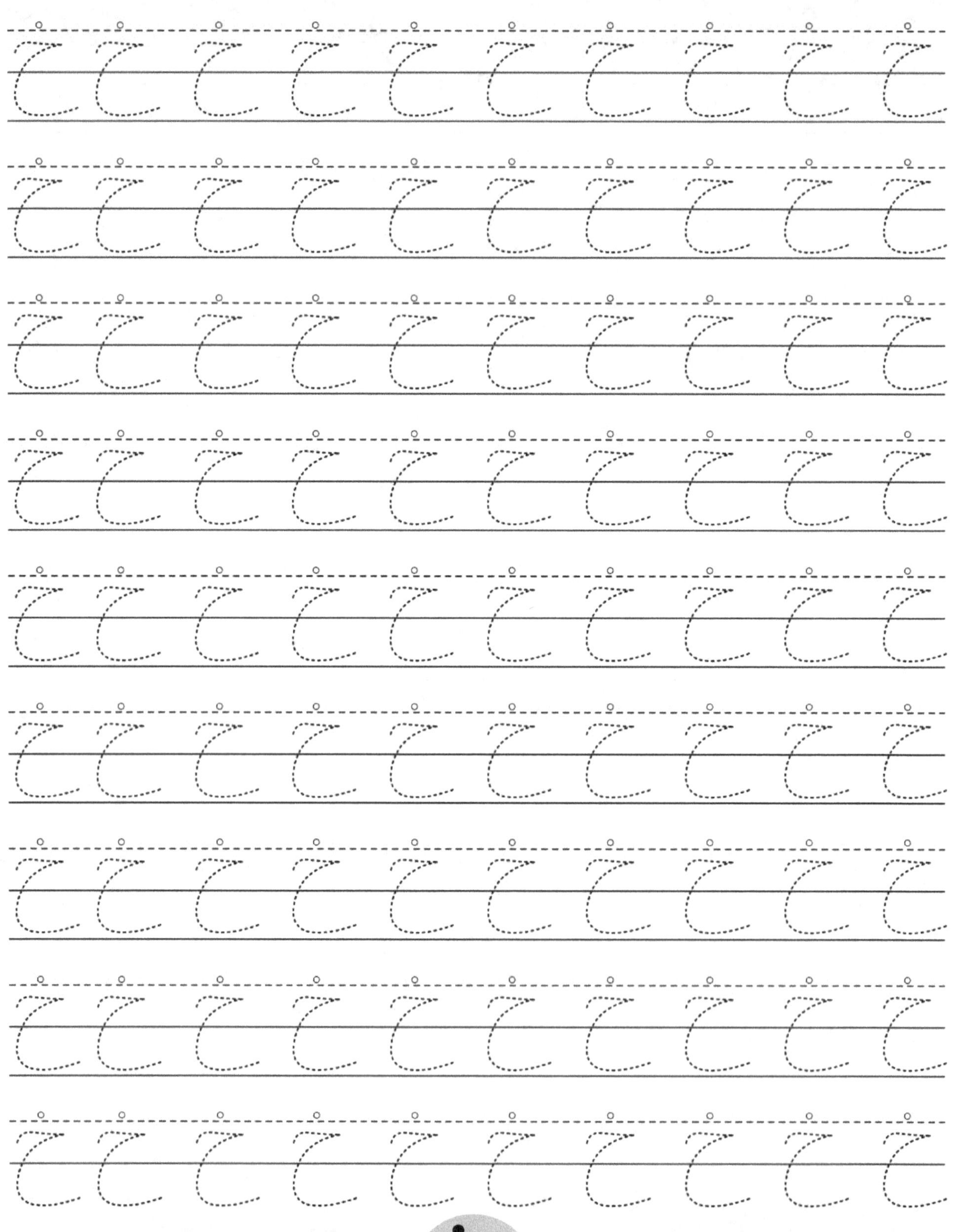

TRACE LA LETTRE KHAA خ

COLORIE CE MOUTON

TRACE LE MOT خروف

MOUTON	KHAA - خ

KHAROUF

خروف

ENTRAINE-TOI

TRACE LE MOT ḤISSAN حصان

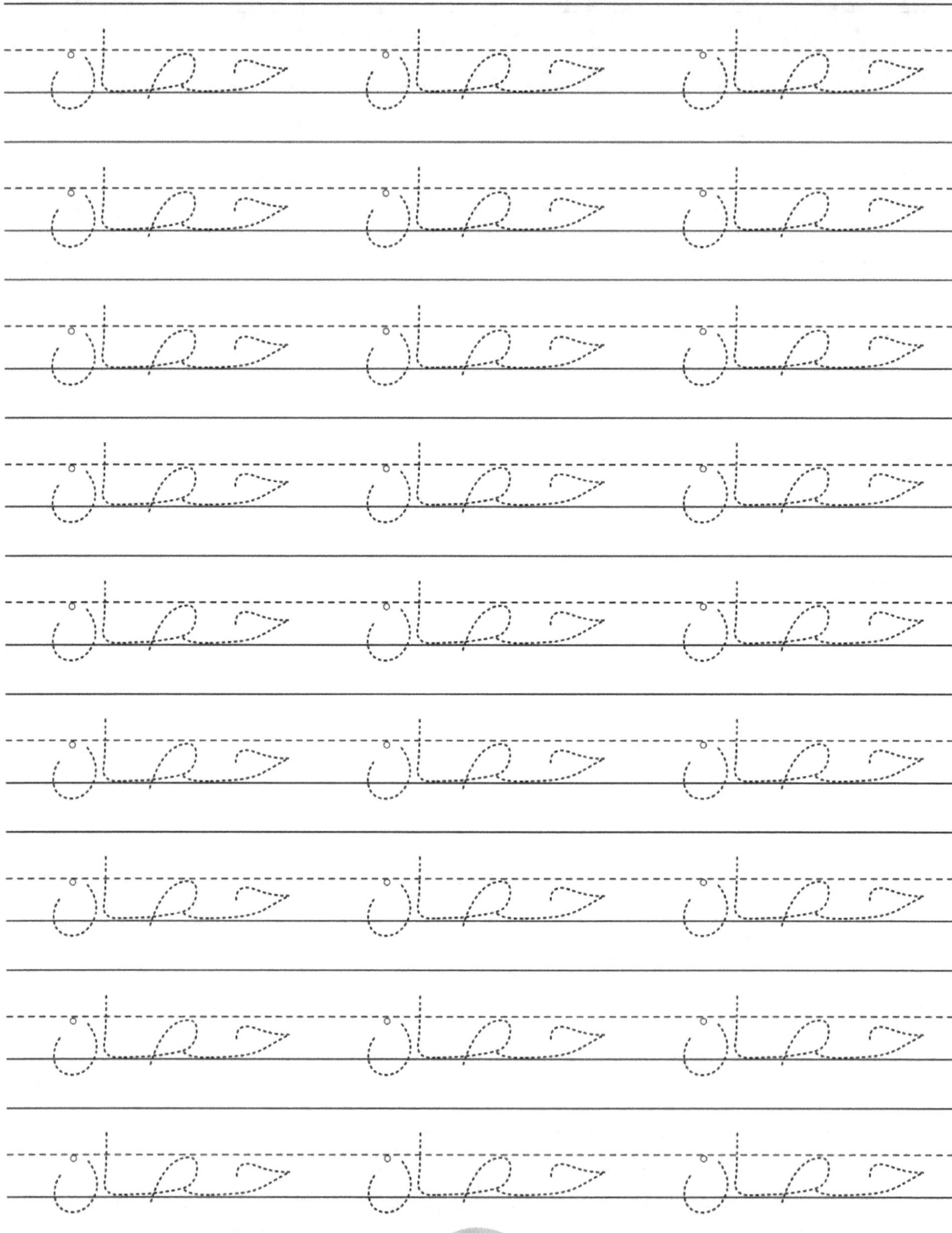

TRACE LA LETTRE ḤAA ح

ح

TRACE LA LETTRE ḤAA ح

COLORIE CE CHEVAL

TRACE LE MOT حصان

CHEVAL	ḤAA - ح

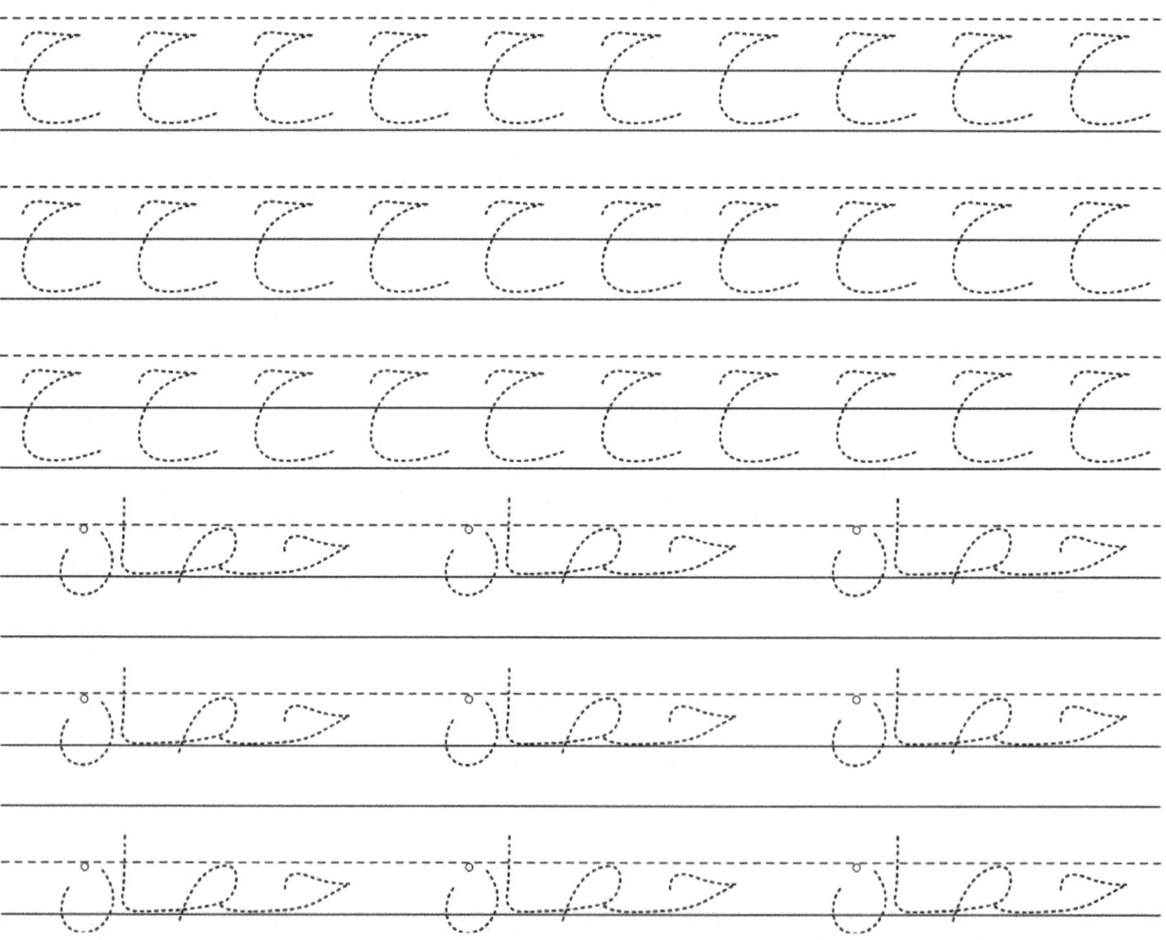

ḤISSAN

حصان

ENTRAINE-TOI

TRACE LE MOT JAMAL جمل

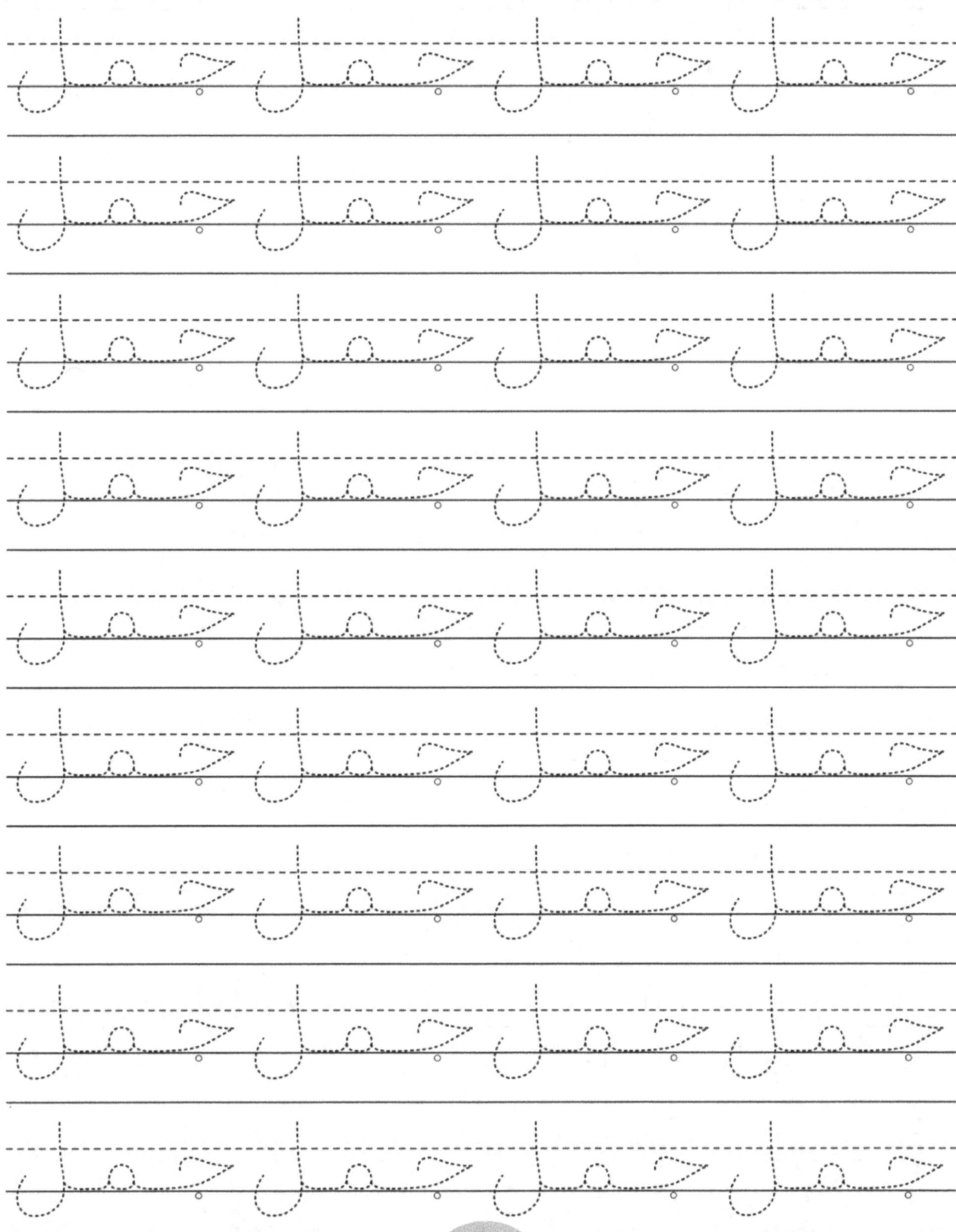

TRACE LA LETTRE DJIM ج

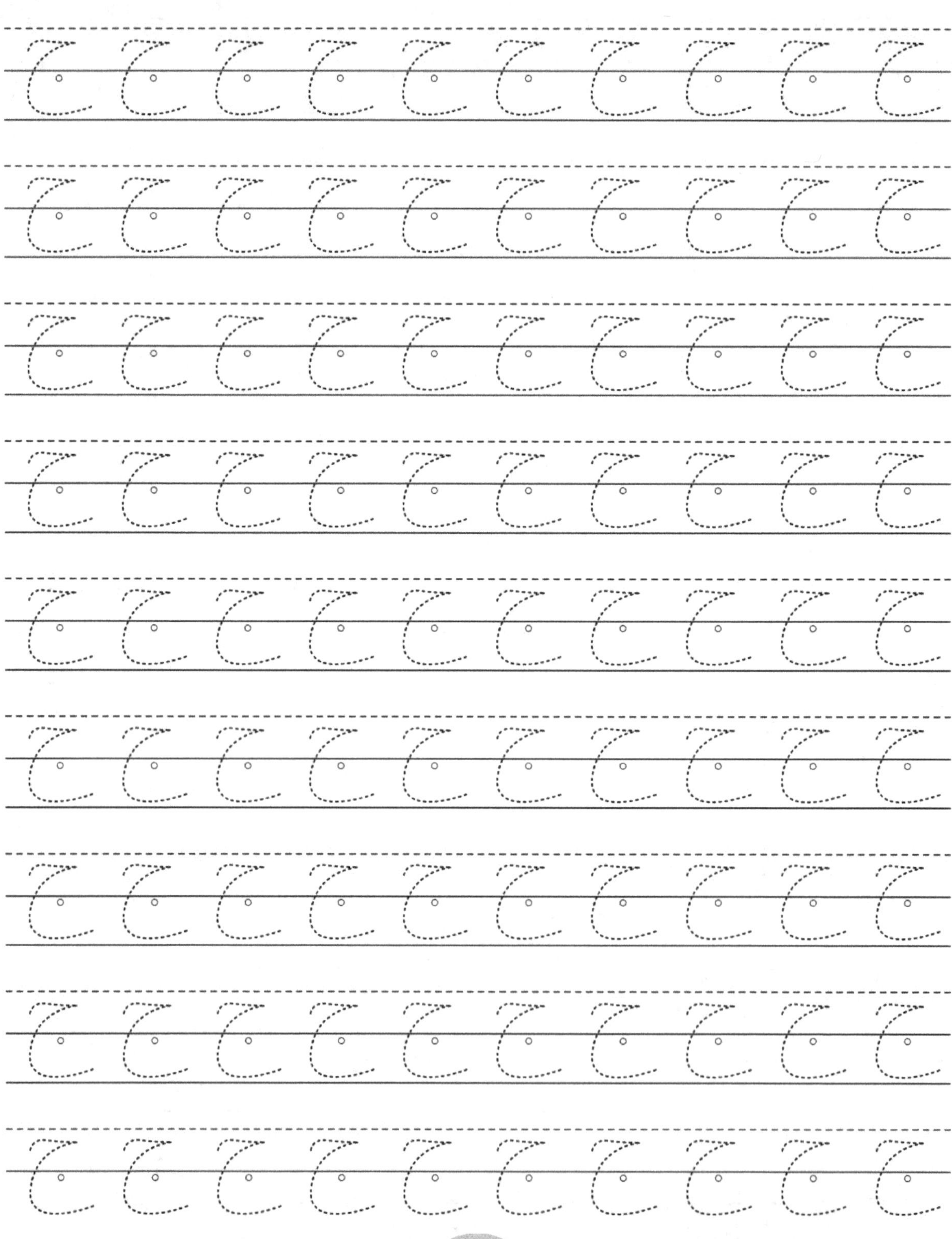

ج

TRACE LA LETTRE DJIM ج

COLORIE CE CHAMEAU

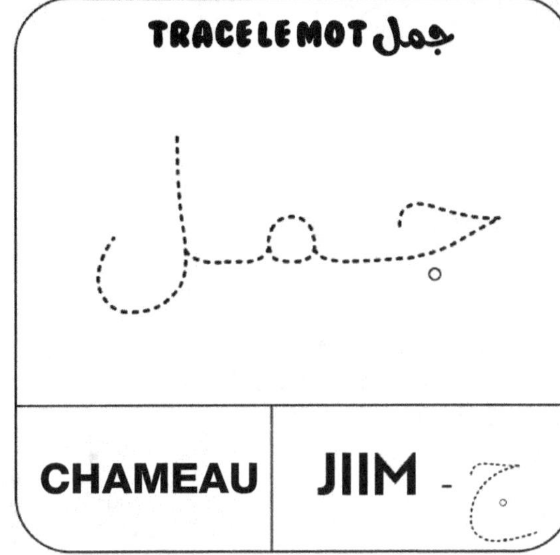

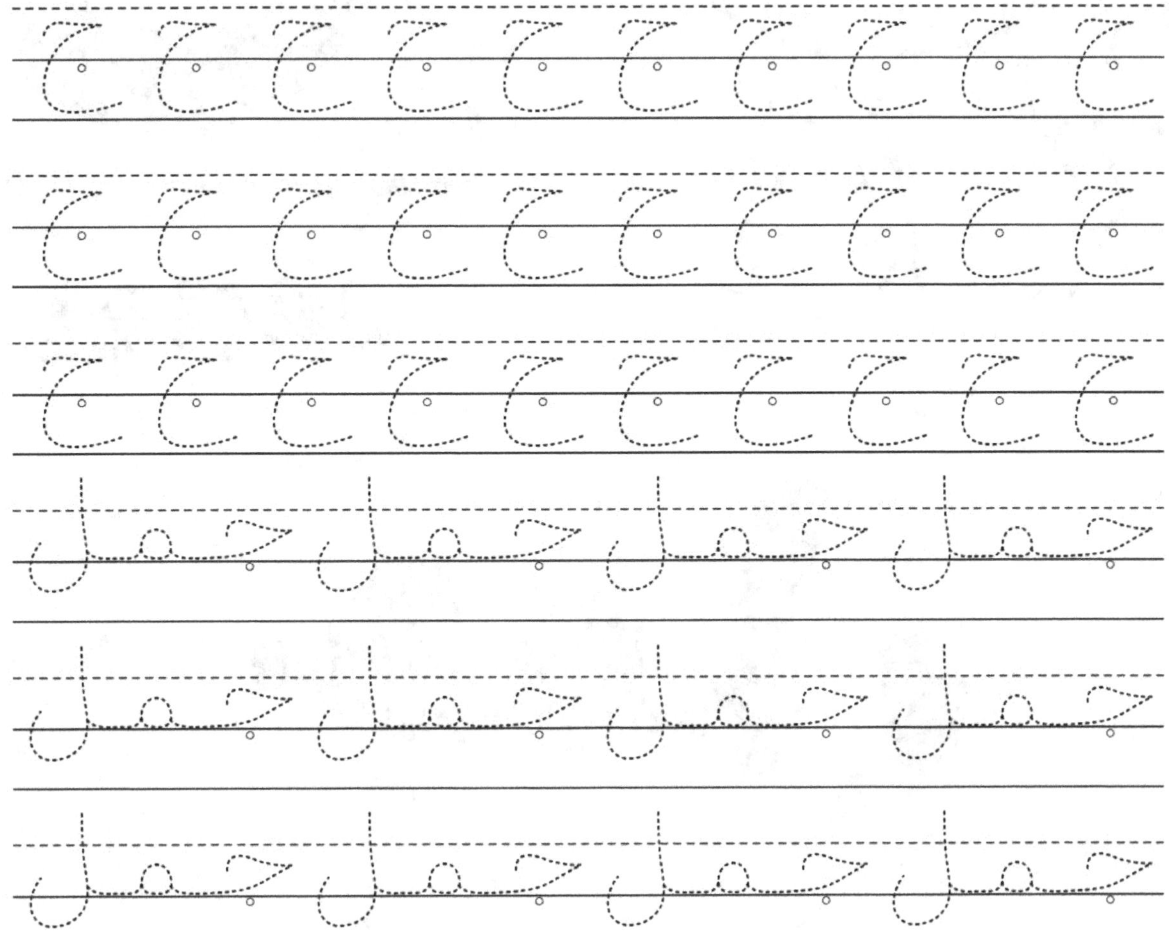

JAMAL

ENTRAINE-TOI

TRACE LE MOT THOU'BANE ثعبان

ثعبان ثعبان ثعبان ثعبان

ثعبان ثعبان ثعبان ثعبان

ثعبان ثعبان ثعبان ثعبان

ثعبان ثعبان ثعبان ثعبان

ثعبان ثعبان ثعبان ثعبان

ثعبان ثعبان ثعبان ثعبان

ثعبان ثعبان ثعبان ثعبان

ثعبان ثعبان ثعبان ثعبان

ثعبان ثعبان ثعبان ثعبان

TRACE LA LETTRE THAA ث

TRACE LA LETTRE THAA ث

COLORIE CE SERPENT

TRACE LE MOT ثعبان

SERPENT	THAA - ث

ث ث ث ث ث ث ث

ث ث ث ث ث ث ث

ث ث ث ث ث ث ث

ثعبان ثعبان ثعبان ثعبان

ثعبان ثعبان ثعبان ثعبان

ثعبان ثعبان ثعبان ثعبان

ث
THOU'BANE
ثعبان

ENTRAINE-TOI

TRACE LE MOT TIMESAH̄ تمساح

TRACE LA LETTRE TAA ఁ

TRACE LA LETTRE TAA ت

COLORIE CE CROCODILE

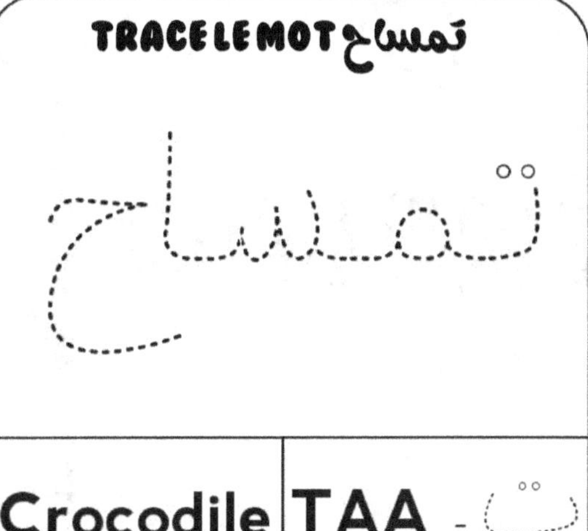

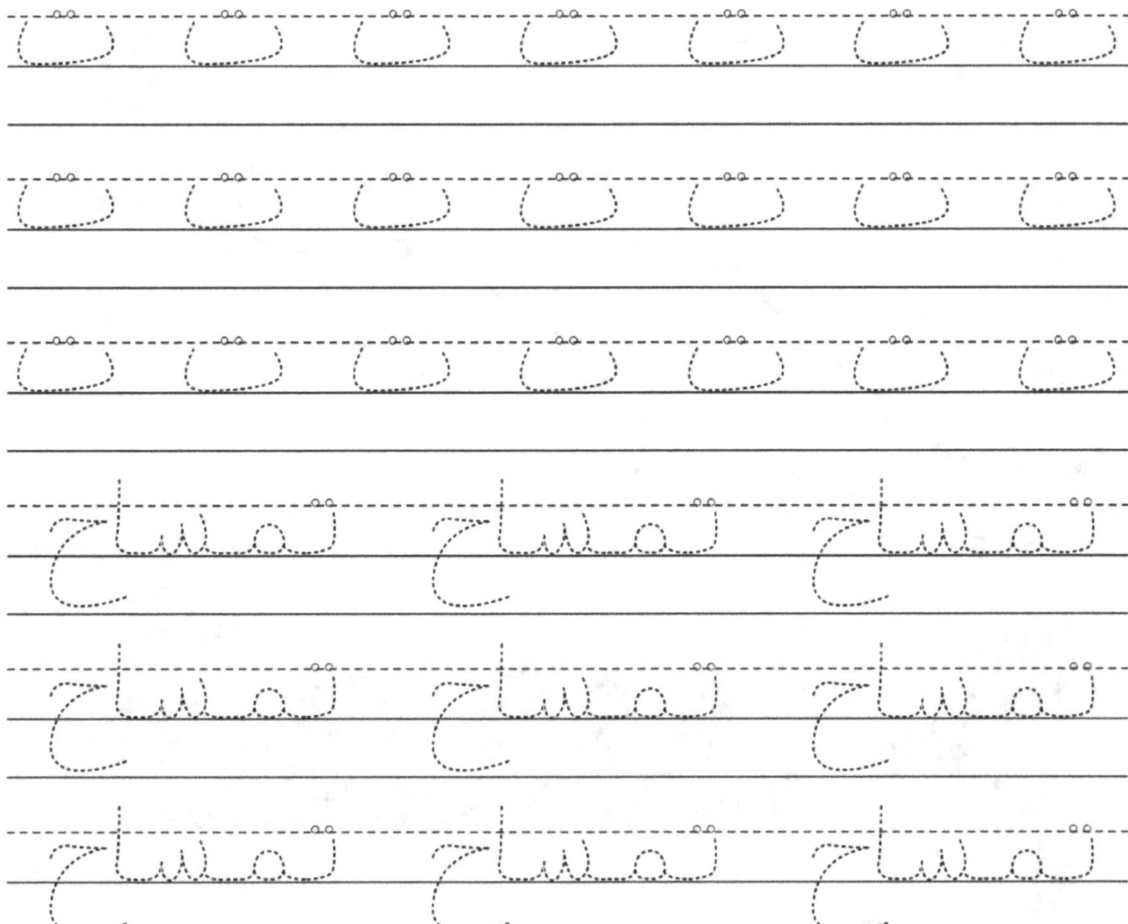

TIMESAH

تمساح

ENTRAINE-TOI

TRACE LE MOT BATTA بطة

TRACE LA LETTRE BAA ب

TRACE LA LETTRE BAA ب

COLORIE CE CANARD

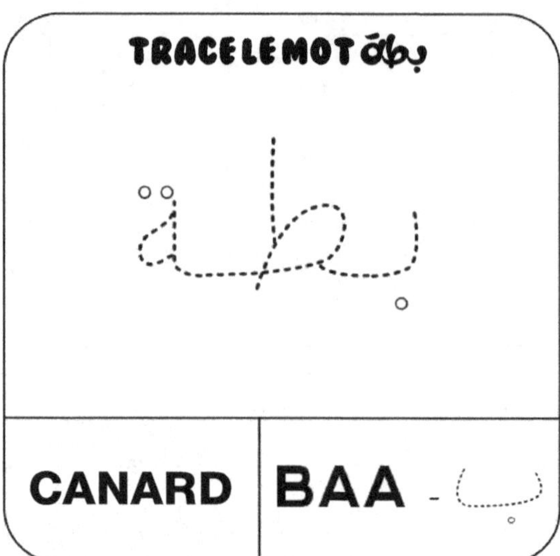

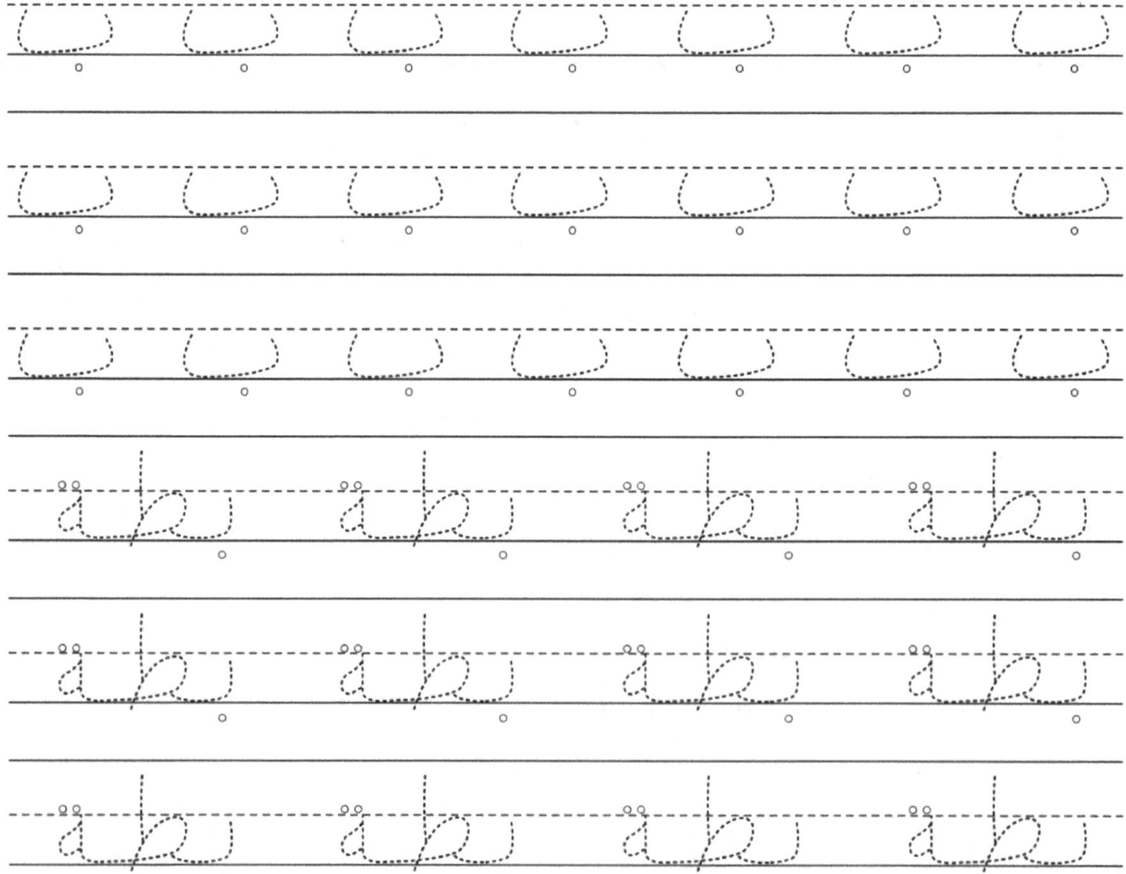

ب

BATTA

بطة

ENTRAINE-TOI

TRACE LE MOT ASSAD أسد

أ

TRACE LA LETTRE ALIF أ

أ

TRACE LA LETTRE ALIF أ

COLORIE CE LION

TRACE LE MOT أسد

أسد

Lion	ALIF - أ

أ أ

أ أ

أ أ

أسد أسد أسد أسد أسد

أسد أسد أسد أسد أسد

أسد أسد أسد أسد أسد

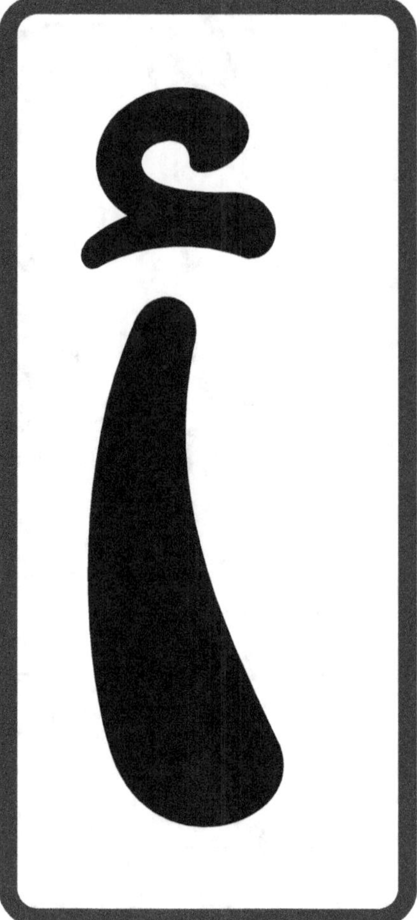

ASSAD

أسد

ALPHABET ARABE

أ ب ت ث ج ح

خ د ذ ر ز س

ش ص ض ط

ظ ع غ ف ق ك

ل م ن ه و ي

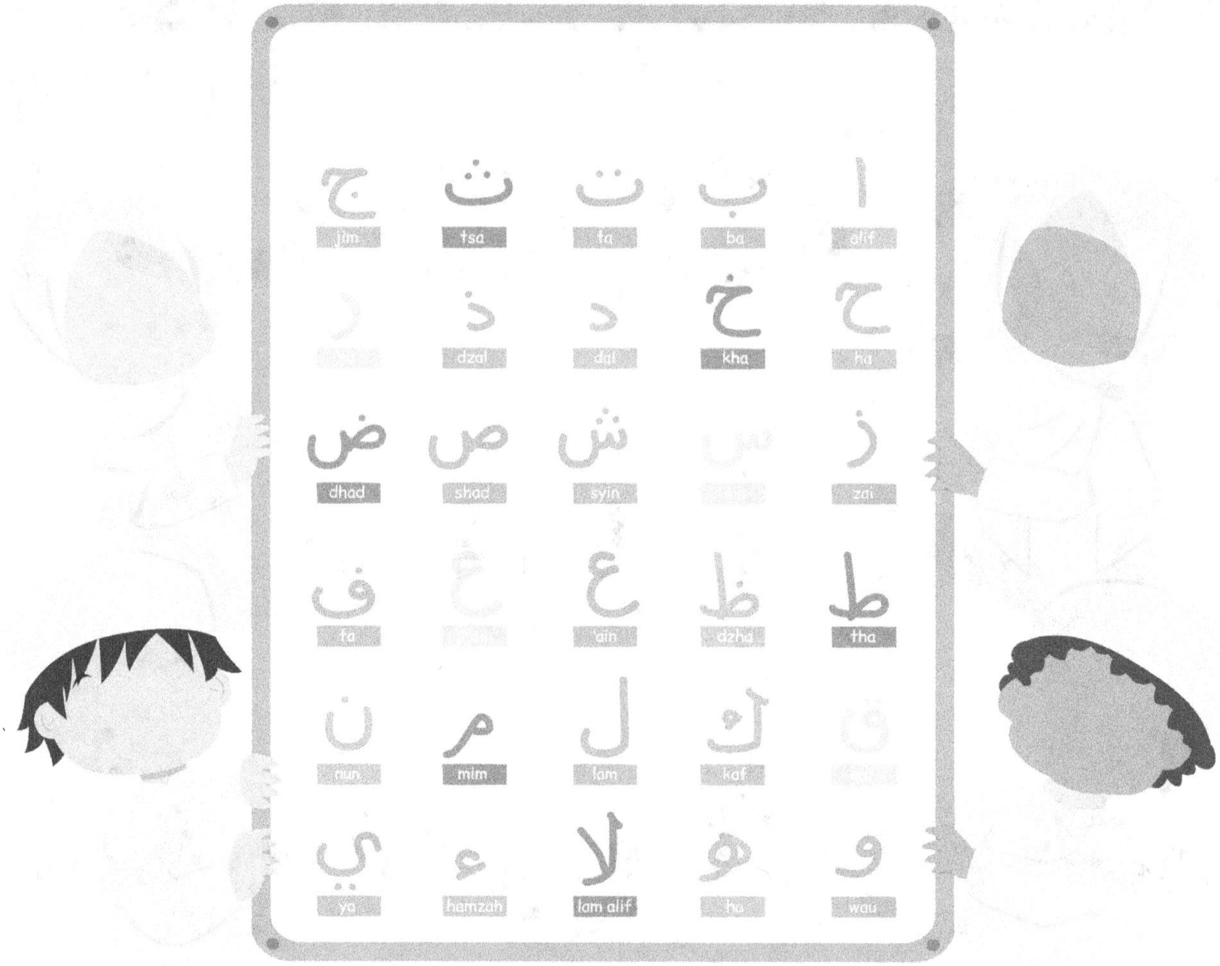

Ce livre est destiné aux débutants dans l'apprentissage de la langue arabe.

Découvrez les 28 lettres de l'alphabet, en les traçant et en les recopiant, qui est un excellent moyen de les mémoriser.

Ce livre n'est qu'une introduction dans l'apprentissage de la langue arabe.

APPRENDRE A ECRIRE L'ARABE

Cahier d'écriture arabe pour les enfants

أتعلم كتابة الحروف العربية

www.ingramcontent.com/pod-product-compliance
Lightning Source LLC
Chambersburg PA
CBHW080904160726
48000CB00009B/2854
* 9 7 9 8 5 8 9 4 0 6 7 2 6 *